소리 없는 대재앙

우리 국토가 오염되어 가고 있다

임승근 지음

어문학사

나는 건설인이다.
나는 작가도 학자도 더구나 환경운동가도 과학자도 아니다.
단지 나는 우리 지역을 가슴으로 사랑하는 시민일 뿐이다.
다음 세대와 지역 환경 개선을 위해,

그동안 모았던 신문과 인터넷 자료들 노트, 그리고 읽었던 책
속의 메모들 그리고 수많은 고민들, 내가 태어난 고향에 대한
사랑을 이제 하나의 책으로 엮었다.

이것들을 정리하면서 내 가슴은 땅과 미래를 보며 울었다.
그리고 내 심장이 강하게 뛰었다.
내가 태어나서 자란 이 지역에 누군가는 꼭 해야 할 일을,
나는 오늘도 묵묵히 그 일을 하고자 한다.
누구나가 그래야만 한다고 하는 그 일을……

차례

Quiet Catastrophe

제1장
환경 위기 시대

Los Angeles Times Photo, Rick Meyer

1. 환경문제에 대한 서막

1980년, 나는 해외 건설현장에 있었다.

거기서 나는 기름이 유출된 바다의 두려움과 무서움, 그러한 환경의 피해가 지역사회에 어떠한 영향을 미치는지 몸소 경험했었다. 그때 나는 그러한 심각한 현상들은 우리나라와 무관한 일로 생각했었다. 그 당시에는 정말이지 그랬다.

하지만 1980년대 우리나라에서는 환경 파괴 논란에도 불구하고 국가 규모의 대규모 개발 사업이 이뤄졌다. 1982년 서울에서는 한강종합개발이 시작되었고, 1986년에는 북한의 금강산댐 수공(水攻)을 방어한다는 명분으로 강원도 화천에 평화의 댐 건설이 진행되었다. 특히 1989년에는 새만금종합개발사업이 발표되어 전북의 군산과 김제, 부안 앞바다를 연결하는 갯벌의 '생태적 가치'가 전 국민의 관심사로 떠올랐다. 80년대를 거쳐 90년대에 이르러서는 인재로 인한 대규모 환경 파괴 논란이 우리나라를 강타했었다. 바로 1995년 7월 전남 여수 앞바다에서 LG칼텍스의 유조선 씨프린스 호가 침몰하여 원유와 벙커C유가 유출되는 사건이 발생한 것이다. 그 당시 사건의 전개는 다음과 같다.

"1995년 7월 23일, 한국 남해안에는 3호 태풍 페이가 상륙했다. 유조선 씨프린스 호(LG칼텍스정유-GS칼텍스, 키프로스, 14만 톤)가 무리하게 운행하다 여수시(당시 여천군) 남면 소리도 암초에 부딪혀 침몰하면서 원유와 벙커C유가 유출되었다. 선원들은 배에서 탈출하여 목숨을 건졌지만, 대한민국 남해안은 기름 유출로 소리도를 비롯한 일대 해안이 초토화되었다. 주변 양식장의 어패류와 해조류가 폐사하여 어민들의 피해가 매우 컸고 다도해 해상국립공원마저 막대한 피해를 입었다. 해양 생태계의 파괴는 경제적 피해보다 더욱 심각했다. 해양 생

좌초된 씨프린스 호(사진 출처 : 아카데미ENG)

물을 비롯하여 해변에 서식하는 조류도 떼죽음을 당했다.”

그런데 2007년 12월 11일 서울 신문에는 다음과 같은 기사가 등장한다.

씨프린스 호 기름유출 사고(1995년 7월 23일)가 12년이 지난 지금, 전남 여수시 남면 소리도(연도)와 안도리 주민들은 아직도 지긋지긋한 악몽에 시달리고 있다. '환경오염'이란 개념조차 모르던 시절, 시커먼 기름띠만을 없애고자 뿌린 유처리제 후유증에 주민들은 삶의 터전을 송두리째 잃고 애달픈 삶을 잇고 있다.

사고 때 우럭·돔·조피볼락 등 어류 양식장이 밀집했던 남면 안도리 서고지 마을은 한 집 건너 빈집이다. 김대용(48) 서고지 어촌계장은 "내가 다이버라 사고 뒤 6개월이 지나 양식장 아래 수심 15m 바다 밑으로 내려가 보니 바위 밑에 붙어 있어야 할 전복과 소라들이 모두 위로 올라와 있더라"며 "사고 때 뿌린 유처리제의 2차 오염으로 바다 황폐화가 심각하다"고 털어놨다.

● "마을 앞 자갈밭 파면 기름덩이 나와"

당시 유출된 기름 5,035t 가운데 회수된 양은 1,390t이었다. 긴급 방제에 골몰하다 보니 방역 당국과 어민들이 마구잡이로 살포한 유처리제는 713t. 더운 날씨에 양식장 피해가 눈덩이처럼 불어나면서 흡착포로 기름을 빨아들이는 작업이 한계에 도달했다. 그래서 방제 당국이나 어민들이 마구잡이식으로 유처리제를 뿌려댔다. 서고지 마을도 한 달 이상 주민 100여 명이 나서 유처리제를 갯벌이나 바닷가 기름 찌꺼기 위로 살포했다. 어민들은 해안가로 배를 타고 다니면서 유처리제를 뿌린 기름 찌꺼기를 고압펌프로 씻어내 바다 밑으로 가라앉혔다. 유처리제는 기름 찌꺼기를 바다 밑으로 가라앉히는 화학성분제이다. 당시 작업했던 어민들은 "당시 유처리제 피해를 알았나요. 기름띠를 없애는 데 혈안이 돼 있다 보니 2차 피해를 예상 못했어요"라고 입을 모았다.

사고 때 주민피해대책위원회 부위원장으로 활동했던 박홍광(68) 화태어촌계장은 "유처리제가 기름을 소멸시키는 것으로 알고 마구 뿌렸으나 지금 보니 가라앉아 기름보다 더 큰 피해를 낸다"고 강조했다.

사고 10년을 맞은 2005년에 여수시민 단체연대회의가 주최한 씨프린스 호 10주년 국제학술토론회 조사 발표와 현장 피해조사에서 사고 해역인 남면 금오도 연목과 소횡간도 2곳에서 잔존 유분이 발견됐다. 김대용 서고지 어촌계장은 "사고 10년만에 포클레인으로 마을 앞 등 3곳의 자갈밭을 2m가량 파보니 시커먼 기름이 고여 있었다"고 말했다.

현지 어민들은 "안도리에서 자연산 전복과 소라, 해삼의 생산량이 사고 이전보다 3분의 1로 줄었고, 바닷속은 하얗게 변하는 백화현상에 시달리고 있다"고 주장했다. 연도리 역포마을 이길용(65) 씨는 "전복이고 소라고 껍데기만 있고 알이 녹아 없어진 게 태반"이라며 충남 태안 사고를 안타까워했다.

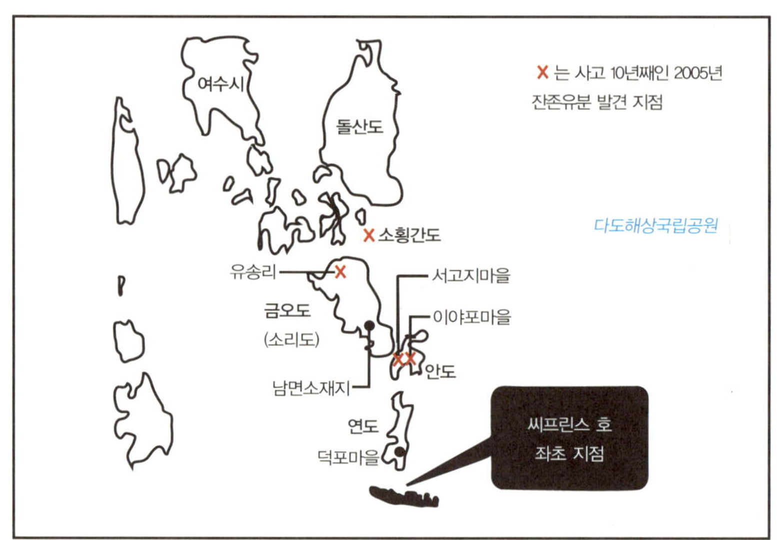

■ 씨프린스 호 좌초 지점과 잔존 유분 확인 지점(사진 출처 : 서울신문)

● 어패류 생산 급감…… 인구 절반 줄어

원래 소리도 앞바다는 먼 바다로 '물 반 고기 반'일 정도로 황금어장이었다. 삼치, 병어, 갈치 등 맛있는 생선은 안 나는 게 없을 정도였다. 고기가 사라지면서 안도리 서고지 마을은 어선이 50여 척에서 30여 척으로 줄었다. 사고 전에는 어선 한 척이 연간 4,000만~5,000만 원 어획고를 올렸다. 이렇게 어패류 생산량이 줄고 바다 낚시꾼이 줄면서 관광 수입원이 감소하자 마을 빈집이 늘었다. 사고 당시 80가구이던 서고지 마을이 50여 가구로 줄었다. 남면의 인구는 1995년 6,780명에서 10년 만인 2005년 4,014명으로 절반 가까이(40.8%) 줄었다. 올 들어 3,926명이다.

소리 없는 대재앙, 우리 국토가 오염되어 가고 있다

이 사건은 우리나라의 환경재앙의 서막에 불과했다. 아직도 주민들의 몸살이로 이어지고 있는 이 사건은 2007년 충남 태안 앞바다에서 기름 유출 사고가 일어나기 전까지 국내에서 발생한 기름 유출 사고들 중 가장 최대의 규모였다.

2000년대에 우리나라는 산업화 과정에서 발생한 환경오염을 복원하는 일과 원자력 문제에 주목했다. 같은 해에는 서울의 청계천이 콘크리트로 덮인 지 40년 만에 복원되었고, 2005년에는 원자력 발전소에서 나오는 중저준위 폐기물의 처리 문제가 불거지면서 경주 방사성 폐기물처분장 건설로 이어졌다.

드디어 2007년, '서해안 원유 유출 사고' 혹은 '삼성-허베이 스피리트 원유 유출 사고'라 불리는 사고가 발생했다. 사건의 진행은 다음과 같다.

2007년 12월 7일 충청남도 태안군 앞바다에서 인천대교 공사를 마친 삼성물산 소속 크레인 부선 '삼성 1호'를, 예인선이 경상남도 거제로 끌고 가다가 와이어가 끊어지면서, 정박해 있던 홍콩 선적의 유조선 허베이 스피리트호와 충돌하여 유조선 탱크에 있던 1만 2,547kl(7만 8,918배럴)의 원유가 태안 인근 해역으로 유출된 것이다. 유조선의 파손된 구멍은 2일 만에 막았으나 충돌 초기 파도가 심하여 빨리 대처하지 못했고, 유출된 원유가 오일펜스를 넘어가 바닷물이 혼탁해지고 용존산소량이 줄어들었다. 이 때문에 태안군과 서산시 양식장, 어장 등 8,000여ha가 원유에 오염되어 어패류가 폐사했으며 짙은 기름띠는 만리포, 천리포, 모항, 안흥항과 가로림만, 천수만, 안면도까지 유입되었다. 또한 타르 찌꺼기는 안면도와 군산 앞바다까지 밀려갔으며 2008년 1월에는 전라남도 진도, 해남과 제주도의 추자도 해안에서도 발견되었다.

우리나라 행정자치부는 12월 13일 충청남도 태안군, 보령시, 서천군, 서산시, 홍성군, 당진군을 특별재난지역으로 선포하였고, 전국에서 130만여 명의 자원봉사자가 찾아와 기름 제거 작업을 도왔으며, 성금이 모금되기도 했다. 사고 초기 원상 회복에 최소 10년 이상, 최장 100년 이상이 걸릴 것이라고 예상되었으나 민관의 지속적이고 자발적인 노력 결과, 사고 발생 2년 만인 2009년 12월에 태안국립공원의 해양 수질과 어종이 기름유출사고 전과 유사한 수준으로 회복되었다는 발표가 있었다.

이렇게 환경문제는 사회적 문제이며 동시에 우리의 현실적 문제가 되었다. 막상 현실이 되어야만 움직이는 우리나라와 재난 대책의 현실을 보며 나의 모든 생각은 변했다.

2. 환경의 위기는 더 이상 자연의 문제가 아니다 그것은 현실이다

　　역사적으로 보면 근대 이후 사회의 복잡성이 형성되면서 수많은 문제들이 하나둘씩 우리의 현실로 다가왔다. 그중에는 예전부터 문제로 지적되어 오던 것들도 있는가 하면, 최근에 들어서야 심각한 문제로 대두된 것들도 있다. 자연환경문제는 이젠 인류의 생존적 토대와 관련한 가장 시급한 문제로 대두되었다.

　　사실 환경문제, 자연적 재난과 위기는 오래전부터 존재했었다. 지구상에서 인류는 해마다 홍수나 가뭄, 지진, 산사태 등 자연재해로 인해 수많은 인명 피해를 겪었다.

　　그러나 이는 자연에 의한, 말 그대로 자연적인 현상이지만 지금 우리 앞에 닥친 환경의 위기는 인재, 즉 인류가 만들어낸 문제라는 점에서 차이가 있다.

　　사실 우리나라에서 환경문제가 사회문제의 하나로 중요하게 인식되기 시작한 것은 급속하게 진행되던 경제성장이 주춤해지기 시

■ 30주년 기념 개정판 『성장의 한계』. 1972년, MIT 젊은 과학자 네 명이 연구 끝에 세상에 발표한 '인류의 위기에 관한 프로젝트' 보고서를 바탕으로 엮은 책이다.

작한 1970년대부터이다. 1972년 로마클럽이 발표한 「성장의 한계」라는 보고서[1]는 그동안 도구적 이성에 기초한 무한한 진보가 우리에게 장밋빛 미래를 제공해 줄 것이라는 환상에서 벗어나게 된 계기가 되었다.

비로소 학계에서는 성장에서 균형으로 돌아서자는 주장들이 등장하였고, 이후 인간의 자연파괴에 의한 지구환경의 위기와 인류의 종말에 대한 논의가 활발하게 전개되었다. 이처럼 환경문제는 이성을 통한 합리성, 과학기술로부터의 무한한 진보가 가능하다고 믿었던 근대성의 위기를 가장 잘 대변해준다. 물질적 진보가 자연에 대한 착취로부터 얻어진 산

---

1 이것은 1972년 로마클럽에서 발표한 보고서이다. MIT 공과대학의 '성장한계론' 연구진은 컴퓨터를 이용해서 현 세계의 모델을 만들려고 하였다. 이 복잡한 모델은 역사적으로 세계의 발달을 이룩해온 '물리, 경제, 사회적 관계의 모든 요인들'을 고려해서 이들이 앞으로도 계속 영향을 미칠 것으로 판단되는 미래의 현상을 '합리적이고 과학적이며 객관적으로' 예측하기 위해 만들어진 것이었다. 또한 20세기의 자원 이용과 고갈 상태, 인구성장, 공해, 소득, 개인별 식량 소비 등의 변수들을 지구 전체적 차원에서 함수로 나타내기 위한 것이었는데, 1900년부터 2100년까지의 기간을 대상으로 '현재 나타나고 있는 여러 관계가 연속될 것이라는 가정 아래 인구성장이 기하급수적으로 증가하는 데 반해서, 자원의 고갈은 기하급수적으로 감소하고 있어, 멀지 않은 장래에 인류가 쓸 수 있는 자원의 양은 인구성장을 지탱해줄 수 없는 지경에 이르는 인구폭발 현상이 발생할 것'이라고 예측했다.(자료출처 : 국가환경기술정보센터 〔환경부〕)

소리 없는 대재앙, 우리 국토가 오염되어 가고 있다

물임을 깨달은 인류에게, 이제 '진보'의 문제보다는 '생존'이 더욱
절실한 문제라는 인식적 전환을 맞이하게 되었다. 그리고 이제 인
류의 생존을 위협하게 만든 근대적 패러다임은 정당성을 잃고, 자
연과 인간을 바라보는 새로운 패러다임으로의 전환이 이 위기를
극복하는 데 절실히 요구되고 있다.

대부분의 개발도상국들도 개발을 위한 각종 활동을 하는 데 있
어서 그 활동이 환경체계에 어떠한 영향을 끼칠 것인가와 혹시라
도 예견되는 악영향에 대해서는 별로 관심을 두지 않았다. 다만 총
량적 의미에서의 경제적 효율성에만 주된 기준을 두고 모든 개발
활동을 수행해 왔을 뿐이다.

이러한 결과는 인간의 생활과 재산에 큰 재난을 가져오는 심각
한 환경 피해와 예기치 않았던 사회비용(unanticipated social cost),
쾌적성과 다양성의 상실(loss of amenity and diversity) 등을 불러왔
다. 특히 자연환경 요소를 무시한 건설과 개발은 다음과 같은 심각
한 문제들을 가져왔다.

- 가치 있는 광물자원이 매장된 지역에서의 지상개발에 따른 광물자
  원의 채취 불가능
- 강 상류지역의 지나친 개발, 수로 계획 등에 의한 홍수의 빈도 및
  심각성의 증가
- 고형폐기물의 매립에 따른 늪지(wet land)의 파괴와 오염
- 도시개발을 위한 무분별한 수목 벌채로 토양침식 통제, 냉각, 그늘
  및 수원지 보호 효과 상실

- 무계획적인 도시 확산(urban sprawl)에 따른 농토 상실
- 복합하수체계(combined sewers system) 때문에 비가 많이 올 때, 수계로 배출되는 처리하지 않은 많은 하수
- 잘못 설계된 교통체계에 기인한 대기오염 및 소음 증가
- 잘못된 토지 관리에 따른 저수지의 퇴적
- 지질적으로 활동 중인 지역에서의 건축 활동에 따른 재산 폐해
- 지하수원지역의 개발에 따른 지하수 오염 및 고갈
- 해안에서의 지나친 지하수 취수로 인한 지하수의 해수 오염
- 홍수범람지역을 개발함에 따른 재산 상실
- 휴양지 개발에 의한 자연환경의 파괴
- 결과에 대한 정확한 분석 없이 핵발전소로부터 강과 호수로 배출되는 냉각수

이러한 개발과정에서 나타난 환경문제는 결국 인간의 생활과 재산에 대한 재난 창출, 환경의 쾌적성 및 이로운 점의 활용기회 상실, 중요 자원의 파괴, 토지의 비효율적 또는 차선의 이용, 생태학적인 불균형이라는 문제로 집약된다.

환경문제는 오늘의 활동이 미래 세대에 영향을 끼치는 특성 때문에 세대 간의 갈등으로도 이어지고 있다. 따라서 어떻게 이 세대 간의 갈등을 최소화할 것인가는 환경문제를 다루는 기본적 생각이 되어야 한다. 현 세대가 한정된 자원을 다 쓰고 생태계를 파괴하고 오염을 시키고 이것의 악영향을 후세에 넘길 수는 없고 넘겨서도 안 된다. 이들을 어떻게 적정한 수준으로 세대 간 배분을 할 것인

가가 환경문제해결이나 개선의 핵심인 셈이다.[2]

2 유동운,《환경경제학》, 비봉출판사, 1992, 314~5쪽 참조.

3. 환경 위기의 원인은 결국 사람이다

　이러한 환경문제의 심각성의 첫 번째 요인은 종교에 있었다. 기독교적 세계관에 환경적 문제의 근원이 있다. 성경에는 자연과 인간을 분리시키는 이원론의 근간이 되는 내용이 있으며, 인간이 자연을 이용하는 것은 신의 뜻이라는 내용이 담겨 있다. 이러한 식의 기독교적 가치관을 가지고 있는 서구인들이 도구적 이성을 통해 과학기술을 발전시키고 경제적 부를 쌓아가는 과정에서 자연에 대한 착취는 당연시되었다.

　더 많은 물질적 소비를 위한 경제성장은 환경파괴와 직결되어 있다. 자본주의는 이윤 추구의 확대 재생산 과정이기 때문에 돈이 되지 않는 환경 부분을 절대 고려하지 않는다. 한편 사회주의를 고수했던 이전의 동유럽 국가와 소련에서의 환경파괴도 심각한 지경이었다고 하니, 경제성장은 자연의 착취를 통해서 이루어지는 것임을 알 수 있다.

또 하나의 원인은 인구증가다. 이미 토머스 맬서스(T. R. Malthus) 때부터 인구증가와 지구환경의 위기는 논의되었는데, 60년대 폴 에얼릭(Paul R. Ehrlich)과 같은 신-맬서스주의자들은 강제적으로라도 인구성장을 줄여야 한다고 주장한 바 있다. 하지만 이러한 주장은 이미 출생률

T. R. Malthus(1776~1834)

과 사망률이 낮아진 선진국들이 지구의 환경위기에 대한 책임을 지금 한창 인구성장을 달리고 있는 제3세계 국가들에게 떠넘기기 위한 주장이라는 한계도 동시에 안고 있다. 지구의 수용능력에 한계가 있는 이상, 인구가 무한정 증가할 수는 없는 일이다.

인간이 지구상에 출현하면서 시작된 인간의 모든 생산과 소비 활동은 환경에 직·간접적으로 많은 영향을 미쳤다. 생산자인 정부와 기업은 소비자인 가계와 정부에게 임금, 지대, 이자를 공급하고, 그들로부터는 노동, 토지, 자본 그리고 자연환경으로부터 원료를 공급받아 그들이 필요로 하는 재화와 용역을 제공하게 되며, 소비자는 필요한 재화와 용역을 생산자로부터 공급받고 대신에 그 가격을 지출하게 되며 아울러 생산자로부터 임금, 지대, 이자를 받고 그들의 생산 활동에 필요한 노동, 토지 및 자본을 제공한다.

한편 현재 전 지구적인 소비사회는 환경파괴를 더욱 가속화시킨다. 현재의 소비사회는 필요하지 않은 것을 소비하게끔 만드는 특성을 가지고 있다. 사회는 거대 자본주의의 틀 아래에서 인간의 허영심을 자극하는 광고나 선전에 의해서 굴러간다. 현대의 '필요

하지 않은 필수품'에 대한 수요는 끝이 없고 이것이 대량생산체제의 영속성을 가능하게 한다. 이러한 과정에서 자원은 계속 낭비되어 가고, 자연에 대한 착취는 더욱 심각해진다. 이와 같은 생산 및 소비활동은 결국 자연환경에서 온 원료와 사회·경제 환경에서 온 노동, 토지, 자본 등의 자원들을 본원적인 에너지로 보고 이 에너지의 형태를 다양하게 전환시킨다. 그런데 에너지를 전환시키는 일련의 과정에서는 100%의 효율성은 기대할 수 없는 바, 100%에 미달되는 부분이 잔류물로서 환경에 남게 되는 것이다. 이와 같은 에너지의 전환을 우리는 전통적으로 '생산'이라 하였고 이것이 존재하는 구조를 '경제'라 한다. 이 경제체계에서는 에너지 전환의 효율성만을 증가시켜 인류의 복지 향상만을 추구한 반면, 잔류물의 질과 양 그리고 그것들이 야기하는 문제는 크게 고려하지 않았다.

이러한 에너지 전환의 자원 이용과 잔류물은 지구상의 인구가 많지 않고, 그들의 소비 욕망 수준이 높지 않았을 때는 별 문제가 되지 않았다. 환경의 자기규제 메커니즘(self-regulation mechanism)으로 인해 그 문제의 심각성이 크게 노출되지 않았지만, 인구의 끊임없는 증가, 이용 가능한 자원들의 유한성 그리고 더 높은 수준의 소비 욕망을 충족하려는 인간들의 노력은 오늘날 다음의 세 가지 측면의 환경문제를 불러왔다.

첫째, 인류의 지속적인 생존에 필요한 각종 유한자원의 고갈 문제이다. 지구상에 있는 자원들의 부존량은 한정되어 있는데, 인간은 끊임없이 이것을 채취하여 인간의 복지 향상을 추구하는 각종 경제활동을 행하고 있다. 인류의 복지 증진을 위한 경제활동의 가속화는 인류의 존재에 필요한 자원의 고갈을 가속화시키고 있다. 심지어는 전쟁 준비를 위해서도 인류는 엄청난 자원들을 끊임없이 채취하여야 한다. 단 1분도 없어서는 안 되는 석유·석탄 등의 에너지 자원의 고갈이 이미 눈앞에 와 있고, 인류 생활을 풍요롭게 할 다른 자원들, 예를 들면 철, 구리와 같은 것도 이제 채취 비용이 급상승할 정도로 고갈되어 가고 있는 것이다. 그러므로 이들이 고갈되기 전에 새로운 대체자원들을 발견하지 못하면 인류는 순식간에 멸망하고 말 것이다. 따라서 무한정한 성장을 지탱할 수 없는 것이다. 이와 같은 연구는 MIT(매사추세츠 공과대학)에서 이루어졌는데, 여기에서 생태적 수요(ecological demand) 개념을 제시하였다. 생태적 수요란 자원 채취, 폐기물의 되돌림(return of wastes)과 같은 환경에 대한 인간의 모든 수요의 합으로 정의하고 이것의 측정은 국민들의 물질적 생활수준을 인구수로 곱하여 얻은 국내총생산(GDP)으로 하였으며, 만약 이 총생산이 연평균 5~6% 증가한다면 13~14년이면 2배가 되고 한정된 규모와 자원을 가진 지구에 대한 환경 영향은 매우 심각해질 것이라는 것이다.

둘째, 환경의 오염문제(environmental pollution)인데, 이것은 매연이 대기 중에 스며든다든지, 폐수가 강과 호수 등의 물에 합류되는 것과 같이 비 순수물이 환경에 유입됨으로써 환경의 질(environmental quality)이 나빠지게 되고 이에 따라 그 환경의 본래 기능 수행이 잘 되지 않는 것을 말한다. 대표적인 것으로 대기오염(air pollution), 수질오염(water pollution), 소음 및 진동, 악취 그리고 토양오염(land contamination), 방사능 오염, 빛의 오염 등을 들 수 있는데, 이들 오염문제들이 사회가 바로 피부로 느낄 수 있는 환경문제의 주축을 이루고 있다.

셋째, 생태계의 균형 파괴에서 야기되는 여러 가지 문제를 들 수 있다. 인간들이 복지 향상을 위하여 수행하는 각종 활동들은 균형을 이루고 있던 생태계의 파괴를 가져오게 된다. 가령, 고공비행 중에 나오는 분출물은 태양에서 나오는 유해한 방사선을 거르는 오존층(O Zone)을 파괴하여 지구상의 질병 증가를 가져오기도 하고, 지나친 공업 활동에 따른 낮은 대기층의 오염은 지구상의 기온, 강우량, 농업생산량에 큰 영향을 미치며, 바다오염은 지구 광합성의 거대한 주체인 바다의 녹색식물을 파괴한다. 이렇게 함으로써 대기 속에 있는 산소 등의 균형된 순환을 저해하게 되어 극단적인 경우에는 대기를 구성하고 있는 원소의 비율을 바꿀는지도 모른다. 그런 경우 지구상의 모든 생물체는 순식간에 멸종될 것이다. 가장 심각한 문제 중의 하나가 지구온난화에 의한 지구 기후변화로 지구의 대재앙을 생각해 볼 수 있다.

이와 같은 본질적인 환경문제의 원인을 좀 더 구체적으로 살펴보면 다음의 네 가지로 크게 구분할 수 있다.

첫째, 이미 앞에서도 언급한 것과 같이 자연에서의 인간의 역할을 가장 우위적으로 본 서구 종교관이었다. 즉 유태교 및 크리스트교에서는 인간을 다른 모든 생물체보다 우위에 놓았고 인간 이외의 모든 것은 인간의 사용과 즐김(enjoyment)을 위하여 창조되었다는 관점이다.

그리하여 모든 환경은 인간 중심으로 개조되었던 것이고 자연과 환경에 대한 자세도 공격적이 되었던 것이다. 이와 같은 서구 종교에 뿌리를 둔 서구문명의 세계화는 곧 자연에서의 인간 우위사상의 세계화를 가져오고, 환경에 대한 지나친 도전과 수정이 환경문제를 야기시킨 것이다. 이와 같은 서구 종교와 문명이 동양을 지배하기 전, 동양에서는 인간이 자연에서 우위에 있는 것으로는 보지 않았다. 오히려 자연과 조화를 이루며 순응하는 것이 인간이 지속적으로 존재할 수 있는 것으로 생각하였는데, 이러한 사상은 이제야 서구에서 생태학(ecology)이란 학문으로 각광을 받고 있다.

둘째, 환경문제의 다음 원인을 많은 학자들이 인구의 팽창(population expansion)에 두고 있다. 물론 과대한 인구(over-population) 말고도 사회체계(social system)와 기술(technology)의 실패에 그 원인을 돌리기도 하지만 이 과대인구가 큰 원인인 것은 사실이다. 이 과대인구는 인구 규모와 밀도의 증가를 가져오게 되고 결국은 지구상의 유한자원에 대한 과대한 수요를 가져오게 되는데, 인구증가에 대한 환경의 질의 체감현상을 가져오는 것이다. 요즈음 도시나 국가 그리고 지구의 적정인구문제가 환경의 수용능력(carrying capacity)의 개념 도입과 더불어 깊이 있게 연구·토론되고 있다.

셋째, 개인당 소비재화와 자원의 측면에서 일반적으로 증가된 풍요로움(increased affluence)이 환경문제의 또 다른 원인이다. 슈마커(Schumarker)는 "모든 공식적인 계획 전략에서 경제성장과 환경의 질을 동시에 유지할 수 없으며 하나는 다른 것에 우선권을 양보해야 한다"라고 주장하고 있다. 따라서 대부분의 경우, 증가하는 풍요를 보장하기 위해서는 중단 없는 경제성장(economic growth)을 추구해야 하는데, 이것 때문에 환경문제는 더욱 심각해질 수밖에 없는 것이다.

현실적으로도 경제성장이란 정치·사회·경제적 안정의 측면에서 절박하게 요구되는 것이기 때문에 환경의 질(quality of environment)에 관한 사항은 계획안 작성이나 장기계획에서 우선권이 낮아지게 된다. 이것은 환경의 퇴락이 경제의 퇴락보다 일반적으로 시간이 오래 걸리고 사회적으로 덜 나쁜 것 또는 덜 심각한 것으로 생각되기 때문이다. 또한 경제적·사회적 개선을 희생하면서 환경의 질을 높이려는 입안은 정치적으로 지지받기 어렵고 현명하지도 않은 것으로 생각하고 있다. 이것은 오늘날의 국제경제에서와 같이 상호의존적이며, 무역의 증대와 경쟁의 심화에 따른 비용저하에 우선권을 주어야 하는 상황 아래서는 어느 한 나라에서만 사회적으로 인기 있을 수가 없기 때문이기도 하고, 특히 오늘날 서구사회를 지배하는 철학인 기업의 자유와 연합된 부(wealth)의 축적 때문이기도 하다. 이러한 여건 아래서 소비를 절제하고 경제성장을 둔화시키면서 환경의 질을 높이자는 노력은 현실적으로 대단히 힘든 것이다.

넷째, 생산기술의 형태(type of productive technology)에서 환경문제가 야기되는 것인데, 특히 합성(synthetic) 및 비분해성물질(non-biodegradable) 중심적인 제조과정에서 생산된 플라스틱(plastic) 제품과 각종 세제(detergents) 사용의 지나친 증가 때문이다. 이것은 물질자원의 순환을 차단함으로써 주로 자원고갈과 환경오염에 크게 영향을 미치고 있다.

4. 21세기의 재앙은 환경오염이다

21세기의 최대 재앙은 환경오염이다. 그중에서도 대기오염, 수질오염, 토양오염 이 세 가지가 대표 자격이 되는데, 여기서는 순차적으로 이야기해 보도록 하자. 먼저 **대기오염**이란 대기 중에 인공적으로 배출된 오염물질이 존재하여 오염물질의 양과 농도 및 지속 시간 등이 지역 주민들에게 불쾌감을 일으키거나, 공중보건상 해당 지역의 인간이나 동식물의 생활에 위해를 주어 도시민의 생활과 재산을 향유할 정당한 권리를 방해받은 상태를 말한다. 인간은 생명을 유지하는 동안 물질을 공기 중에 내보내고 있는데 이들 물질들은 지속적으로 대기를 오염시켜 대기의 질적 악화를 가져오고 있다. 인간들의 활동으로 인한 대기오염의 영향은 여러 가지 형태로 나타나는데 어떤 오염물질은 오염발생원으로부터 수천 ㎞를 이동하기도 하고, 다른 오염물과 반응하여 새로운 형태의 오염물을 만들기도 한다. 지구의 대기는 오염물이 대기 중에 배출되었을 때 즉시 분산이나 확산에 의해 희석되지 않으며, 시간이 경과함에 따라 서서히 이동·분산되어 간다. 하지만 인위적 혹은 자연적으로 발생한 물질이 대기로 확산되어 그 물질의 농도와 존속 시간이 인간 및 동식물에게 피해를 주거나 생활을 방해하기 시작했다. 도시가 대형화됨에 따라 심각한 사회문제들이 동반되었다. 대기오염의 유발물질로는 공장이나 자동차 배기에 의한 것이 주종을 이룬다. 대기오염은 발생 메커니즘에 따라 1차 오염과 2차 오염으로 분류된다. 대기오염을 없애고 정상적인 대기환경을 부활시키려면 오염원의 제거가 첫째지만, 오염물질을 대량으로 흡수하는 능력이 있는 식물군락 보호 및 녹화에도 힘써야 할 것이다.

이러한 대기오염 물질이 발생하는 원인은 자연현상에 의한 것과 인간의 활동과 관련된 인위적인 것으로 구분할 수 있다. 대개 자연현상에 의한 대기오염 물질의 발생을 '자연발생원'이라 하며, 환경오염으로 정의하지 않지만 그 피해가 클 경우에는 자연재해로 분류된다. 자연발생 오염원은 화산, 황사, 해염, 온천, 산불, 동식물의 부패 또는 발효, 꽃가루, 식물의 씨, 나무수액 풍화 등이 있으며 입자상 물질과 가스상 물질들로 발생된다는 것이다. 또한 인위적 발생원인 인공발생원은 주로 화력발전소, 원자력발전소, 제철 및 제련공장, 각종 산업체, 자동차, 농업, 광업, 축산업 및 가정 등 입자상 및 가스상 오염물질들이 발생한다. 오염물질을 배출하는 불특정 다수의 오염원들이 집단을 이루고 있는 공업지역, 즉 산업단지와 같은 곳은 면오염원으로 분류된다. 대기에 인위적, 자연적으로 방출된 오염물질이 존재함으로써 대기의 성분 상태가 변화

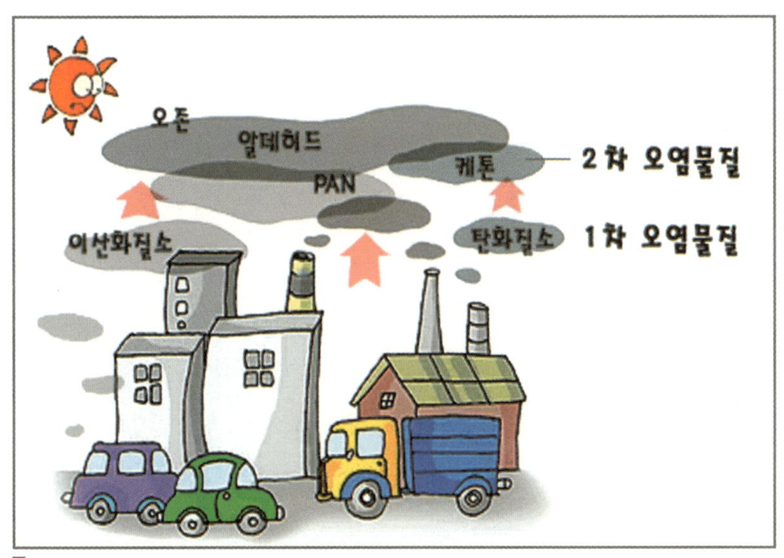

오존주의보의 의미 http://www.jungreen.wo.to/ch-10.htm

하고, 그 질이 악화하여 인간과 동식물의 생활 활동에 나쁜 영향을 줄 때 대기가 오염되었다고 한다. 원인은 자동차의 매연, 제조공장의 연기, 석유·석탄의 가스, 비닐이나 스티로폼을 태울 때 나는 유독가스, 냉장고나 스프레이의 프레온가스 등 사람들의 생활이나 활동에 따라 생기는 인위적인 것과 화산에 따른 자연적인 것이다.

대기오염 물질은 생성원에 따라 1차 오염물질과 2차 오염물질로 구분되어 분류된다. 1차 오염물질은 연소나 증발 등으로 인해 직접 대기로 배출되는 물질로 분진, 휘발성 유기화합물, 일산화탄소(CO), 질소산화물(NOx), 황산화물(SOx), 납(Pb) 등이 대표적인 물질이다. 1차 오염물 중 일부가 대기 중에서 화학반응을 통해 새로운 형태의 오염물질을 생성할 경우 그 물질을 2차 오염물이라 한다. 태양 에너지를 흡수하면 일산화질소(NO)와 원자 상태의 산소

(O)로 해리되는데 이 산소는 공기 중의 산소(O_2)와 빠르게 결합하여 오존(O_3)을 생성한다. 케톤이나 알데히드 화합물질들이 원자 상태의 산소(O)에 산화되어 유해한 물질들을 생성한다. 입자상 오염물들은 표면에 각종 가스상 물질이나 기타 오염성분 등을 흡착하며 미세한 입자들은 호흡시 폐 속까지 침투한다. 오염성분의 전달매체 역할을 하는 것으로, 황산화물과 질소산화물 가스 들은 대기 중의 수분과 하이드록신과 반응하여 황산과 질산을 생성한다는 것이다. 이러한 대기오염 물질들이 우리의 재산이나 물질에 많은 피해를 준다. 특히 건식 또는 습식 산 침적물은 황산이나 질산과 같은 강산성 물질로 철이나 대리석 등을 부식시킴으로써 건물, 교량, 각종 조형물 등을 훼손한다.

대기오염이 희석되지 않고 기상학적, 지형적 특성 때문에 지표면 부근에 축척될 때에는 심각한 건강상의 문제를 야기시킨다. 안개생성 빈도수 증가, 강수량 증가, 대기온도 변화 등을 불러온다. 공통된 특징은 대기 역전층 발생으로 대기오염 물질들이 지속적으로 축척되어 노인 및 심장 폐질환을 앓는 사람의 발병률과 사망률을 평소보다 현저하게 증가시켰다는 점이다. 인간은 하루에 14kg의 공기를 호흡한다. 따라서 호흡기는 대기오염의 직접적인 피해를 받는다. 코에서 허파까지 기도에서 오염물 중 큰 입자들은 제거될 수 있으나 작은 입자나 가스는 허파 깊숙이 침투하게 된다. 우리가 호흡할 때 공기는 구강과 비강을 거쳐 기관과 기관지 및 허파 꽈리까지 도달한다.

인간은 물 없이 며칠은 견딜 수 있지만 공기 없이는 단 몇 분도 생명을 유지할 수 없다. 인간은 물을 선택적으로 사용할 수 있지만 호흡은 단 한순간이라도 멈출 수 없기 때문에 오염된 공기라 할지라도 선택할 여유가 없다. 대기오염은 생각만 해도 끔찍한 일이다.

이제는 **수질오염**에 대해 이야기할 차례다. 수질오염이란 가정에서 쓰고 버리는 생활하수, 산업활동에 의한 산업폐수, 농촌의 농·축산폐수 등이 정화되지 않고 하천이나 호수로 유입되어 물을 오염시켜 각종 용수로 사용할 수 없게 되거나, 생물의 서식에 심각한 피해를 줄 정도로 수질이 나빠지는 것을 말한다. 현대인들이 고도의 소비생활과 각종 산업활동을 하는 사회를 살고 있기 때문에 그에 따른 각종 폐기물들이 끊임없이 배출된다. 그중에서 액체 형태로 배출되는 것을 가리켜 우리는 생활하수(폐수)라고 한다. 대표적으로 설거지나 빨래할 때의 세제나 샴푸를 푼 물, 비눗물이나 각종 액체 폐기물 등이 있다.

또한 산업발전과 더불어 각종 오염물질들이 함유된 공장폐수에 의해 내천, 강, 바다뿐만 아니라 토양과 지하수 등 다양한 범위에 피해를 주어 농작물과 해상업에 영향을 줄 뿐 아니라 공해병까지 유발한다.

우리에게 가장 큰 수질오염은 기름오염이다. 매년 해양을 통해 유입되는 기름이 평균 325만t이며, 이 중 유조선 사고 등으로 인해 직접 바다에 들어가는 기름이 40만t에 달한다. 이렇게 유출된 기름은 해양 생태계뿐만 아니라, 인접한 우리 인간들의 삶의 터전마저 망가뜨리는 주범이다.

수질오염 물질이 주는 장해와 피해를 표로 정리하면 다음과 같다.

구분	건강장해	작물 피해 현상
카드뮴(Cd)	급성 : 구토, 설사, 위염, 호흡 곤란 만성 : 인후염, 비염, 골격 변화	잎의 황백화, 벼 가지치기 억제 뿌리신장의 저해
수은(Hg)	급성 : 단백뇨, 신염, 구내염 만성 : 구내염, 치내염, 기억력 손실	뿌리신장의 저해
비소(As)	급성 : 구토, 설사, 탈수증 만성 : 시각장애, 간경변	뿌리 썩음, 새 뿌리 발생 억제 잎의 황화 고사
납(Pb)	급성 : 복통, 구토, 설사, 배뇨 이상 만성 : 시각장애, 변비, 빈혈	잎의 황백화
구리(Cu)	급성 : 점막 자극, 설사, 배뇨 이상 만성 : 소화관 자극, 건강장애	뿌리신장 저해, 작은 뿌리 발생 억제 철 결핍 유발, 잎의 황백화
아연(Zn)	급성 : 피부 변질, 탈모, 구토 만성 : 조사자료 없음	새잎의 황백화, 잎의 적갈색 반점

기타 환경오염에는 토양오염, 소음, 방사능 오염, 쓰레기 오염이 있다. 그중 대표적인 것이 **토양오염**으로, 토양 속에 오염물질이 함유되는 현상을 말한다. 대부분의 경우 과다한 농약 살포, 산성비에 의한 영향이 있고, 매립 쓰레기와 같은 인간들의 활동에 의해 만들어지는 여러 가지 물질들이 토양에 섞여 들어감으로써 토양이 환경 구성의 첫 단추 역할을 하지 못하는 상태를 말한다. 대부분 폐수, 하수, 폐기물 등의 투기와 농약 살포 등에 의한 오염이 가장 많고, 쓰레기 매립장 주변의 토양오염 수치가 매우 심각한 수준이다. 그 원인으로는 잘 분해되지 않는 물질들(비닐, 알루미늄, 플라스틱 등)이 썩지 않고 쌓여만 가 악순환이 계속된다. 토양오염은 **카드뮴**, **수은**, **아연**, **비소**, **납** 등 많은 중금속을 포함한 유해물질로 인해 발생한다.

각종 물질의 개발, 사용 및 폐기를 통한 순환과정에서 직접 혹은 간접으로 오염물질이 토양으로 유입되어 일어난다. **토양은 다른 환경오염에 비해 일단 오염이 될 경우 복원이 거의 불가능하다.** 현재 미생물을 이용하여 복원하는 방법 등 많은 기술이 개발되고 있지만, 비용과 시간이 많이 소요되고 극히 제한된 지역에서만 적용되고 있는 실정이다.

우리나라의 토양은 강우량이 많은 이유로 석회, 마그네슘, 칼륨 등의 염기가 쉽게 빠져나가 산성화되기 쉬우며, 수분과 양분의 보유력과 자정력을 갖게 하는 유기물도 잘 빠져나가게 되므로 자정능력을 갖추기 어려운 형편이다. 게다가 다른 나라에 비하여 급속도로 이루어진 산업개발과 도시화로 인하여 경작지와 산림지역이 감소된 것은 토양오염을 더욱 악화시키는 요인이다.

5. 환경오염의 피해구조

지방자치의 대응

가장 심각한 것은 환경오염의 피해가 누구에게나 똑같이 나타나는 것이 아니라는 점이다. 환경오염의 피해는 연쇄적으로 나타나며 생물학적인 약자에게 그리고 사회적 약자에게 우선적으로 나타나는 경향이 있다. 한 지역이 오염되면 그 피해는 먼저 식물이나 먹이 연쇄의 아래에 있는 동물들에게 먼저 발생한다. 일본의 미나마타병을 보더라도 먼저 수은이 물고기의 체내에서 유기수은으로 변하여 그것을 먹은 갈매기나 고양이에게 먼저 피해를 입혔다. 인간에게 확산된 경우는 런던의 대기오염에서 살펴볼 수 있는데, 생물학적 약자인 노인이나 어린이들이 우선 피해를 당하게 됨을 알 수 있다.

한편 공해의 피해는 사회계층과도 관계가 있는데, 빈곤층들은 환경오염이 심하지만 주거비가 싼 곳에 살 수밖에 없기 때문에 쾌적한 곳에서 살고 있는 부유층보다 피해를 많이 받는다. 그럼에도 불구하고 환경의식은 직접 피해를 당한 사람을 제외하고는 중상류

층이 더 높다. 아무래도 경제적 압박에서 벗어나 쾌적한 환경에서 살고 싶은 욕망을 발현할 여유가 있기 때문일 것이다.

유럽의 여러 나라에서는 1970년대 이후 녹색운동이라는 이름의 환경운동이 일어나기 시작했는데, 환경운동은 대체로 다섯 단계를 거치면서 전개된다.

첫 번째로, 환경문제에 대한 관심이 서서히 증가하는 단계. 두 번째가 피해지역 주민들이 운동을 하는 단계인데 이때는 일시적이고 한정적인 운동인 경우가 대부분이다. 세 번째는 지역의 상설적인 환경운동단체가 만들어지는 경우이며, 네 번째는 전문가적 환경운동가들이 활동하여 전국적인 연합이 만들어지는 단계이다. 그리고 마지막 다섯 번째는 환경운동세력이 녹색당 등의 정당을 구성하여 정치 과정에 참여하는 것이다.

그러나 환경위기의 심각성에 비해 현재의 환경운동은 약하게 진전되고 있다. 개개인으로서는 그것을 해결할 수 없다는 광범위하게 퍼진 무기력감이 큰 이유일 것이다. 또한 환경 같은 실리적이지 않은 가치에 매달리게 되면, 자칫 무한경쟁시대에 도태될지 모른다는 것이 환경운동에 큰 위협으로 작용한다. 경제주의 패러다임의 세상에서 환경운동은 단지 낭만적인 행위이거나 혹은 일부 직접 피해자들의 피해보상운동 같은 이기적인 행동으로 간주되고 있는 실정이다.

여러 행정 분야 중에서도 환경 관련 행정에 있어서는 특히 지방자치의 역할이 강조되고 있다. 그 이유는 무엇보다도 환경이라는 것 자체가 어떤 추상적인 체계가 아니라 자신이 몸을 담고 사는 생활공간상의 문제이며, 대부분의 시민들이 몸을 담고 사는 생활공간 관리는 일차적으로 지방자치단체가 책임을 지게 되어 있기 때문이다. 환경을 잘 관리해서 살기 편하게 해주는 일이든, 개발을 위해 환경을 파괴하는 일이든, 대부분의 경우 정책 결정권과 관리 책임이 일차적으로 지방자치단체에 주어져 있다.

예를 들어 1990년부터 1997년까지 환경문제와 관련되어 지역 주민과 공공기관 사이에 발생한 분쟁이 146건인데, 이중 자치단체와 지역 주민 사이에서 발생한 분쟁이 72건, 국가와 지역 주민 사이에서 발생한 분쟁이 22건이다.[3] 환경문제가 얼마나 지방자치단체와 밀접하게 관련되어 있는지를 알 수 있다. 그러나 우리나라 국민은 환경의식이 매우 높은 편임에도 불구하고 환경행정에 참여하는 정도는 매우 낮은 편이라고 한다.[4] 환경행정뿐 아니라 어느 분야의 행정에서든 우리나라 국민들이 행정 참여도는 전반적으로 낮다. 오히려 환경 분야가 그중 높은 편이 아닌가 하는 생각이 들 정도이다. 시민들이 행정에 참여하는 정도가 낮다는 것은 그만큼 시민들이 주인의식이 결여되어 있다는 것을 뜻하며, 좀 더 과감히 말한다면 민주적이 아니라고도 말할 수 있다. 필자가 생각하는 민주주의란 그 사회에 사는 한 사람 한 사람이 주인으로서, 그 사회와 지역의 일을 독립적으로 만들어 나갈 수 있어야 하는데, 현실은 그렇지 못하다.

---

3 '환경정책과정에의 주민 참여 유형화와 촉진 방안', 정회성 외. 서울시 녹색시민위원회 주최 「환경행정에 대한 주민 참여 실태와 대안」 세미나(2000년 7월 4일) 발표원고, p. 8.
4 위의 글, p. 2.

우리가 이렇게 주인으로서 권리를 제대로 행사하지 못한 대가를 톡톡히 치르는 것 같다. 단적인 예가 1995년 7월, 민선 지자체 단체장 행정 시행 이후 지역의 환경이 엄청난 속도로 파괴되어 가고 있다는 것이다. 앞서 말한 자치단체와 지역 주민 사이에서 발생한 분쟁 72건 가운데 59건이 1995년 7월 이후, 즉 지자체 실시가 본격화하면서 생긴 것이다.[5] 그만큼 심각하게 환경이 파괴되어 주민들에게 피해를 주었다는 것이다.

이런 일이 생기는 것은 너무나 당연하다. 예를 들어 어떤 가게를 주인이 지키고 있다고 하자. 아무나 함부로 물건을 도둑질해 가지 못할 것이다. 그런데 주인이 사회에 자선을 하고 싶은 마음이 있어, 이제부터 이 가게는 이 마을에 기증할 테니까 아무나 필요한 물건을 가져가라고 했다. 마을 사람들이 모두가 동시에 이 사실을 알게 되어, 모두가 그 물건을 갖고 싶어 한다면, 그리고 그 마을에 웃어른도 있고 질서도 있는 마을이라면 서로 상의해서 이 물건을 어떻게 나누며, 또한 어떻게 그 가게를 관리하여 꾸준히 수익을 내면서 모두가 그 혜택을 받을 수 있을지 의논해서 결정할 것이다. 그러나 가게의 주인이 그 사실을 모두에게 제대로 알리지 않았다면, 그리고 그 마을이 서로 의논하는 질서가 있는 분위기가 아니라 발 빠른 사람이 이익을 챙겨도 모를 정도로 무관심한 분위기라면, 그 가게의 물건은 잽싼 몇 사람이 다 들어내가고, 모처럼 주인이 선의로 가게를 마을 전체에 기증하겠다는 뜻은 전혀 살리지 못

---

5 위의 글, p. 8.

할 것이다.

우리 사회도 지방자치를 너무 섣불리 실시했다는 소리를 듣는다. 특히 지방자치단체의 난개발과 그로 인한 환경파괴를 성토하는 목소리가 요즘 들어 높아지고 있다. 그 이유는 1995년 7월 이후 지역의 개발결정권이 지방자치단체장에게로 넘어가자마자 발빠른 개발업자들이 속속 개발권을 따내 마구잡이로 지역환경을 파헤치고 있기 때문이다. 지역 주민들은 무슨 일이 벌어지고 있는지 미처 알아채기도 전에, 지역의 환경은 그 환경을 파괴하여 이익을 얻는 몇 사람들 손에 무참하게 짓밟히고 있는 것이다.

즉 모든 사람들에게 좋은 방향으로 지방행정이 이루어지도록 지방자치제도가 실시되었건만, 이 제도의 취지가 제대로 알려지지 않았고 이를 충분히 활용하는 교육이 제대로 되지 않았기 때문에, 주민들은 무엇을 어떻게 해야 하고 할 수 있는 것인지 깨닫기 전에, 자신의 이익을 발 빠르게 챙기는 사람들에게 좋은 환경을 내주고 만 것이다. 가게의 물건은 가져간 사람이 쓰면 그만이지만, 환경이 망쳐지면 그 환경 속에 사는 사람들이, 자손 후대까지도 두고두고 악영향을 받으니, 이만저만 심각한 일이 아니다.

제2장
평택의 역사와 배경

1. 평택의 역사

청일전쟁과 러일전쟁[6]

평택 지역은 동고서저의 우리나라 지형에서 가장 서쪽에 위치하고 있다. 또한 평택은 평야가 넓고 구릉과 하천이 발달했다. 근대 이전 평야지대는 들판 사이로 하천이 흐르고 바닷물이 내륙 깊숙이 밀려들었다. 바닷물의 유입으로 대부분의 들판은 농사를 지을 수 없는 간석지였다.

구릉은 평야가 적은 북동쪽에 발달했다. 대표적인 것으로는 무봉산(208.6m), 부산(釜山), 부락산(149m), 백운산(192m), 덕암산(164.5m), 팔룡산(122m)이다. 평야가 발달한 서남부 지역에는 오봉산(112m)이 가장 높고, 비슷한 것으로는 백봉산, 고등산, 마안산(101m), 무성산(112m), 자미산, 비파산이 있다. 평야만으로 이루어진 옛 평택시와 팽성읍에서는 해발 30m밖에 안되는 덕동산(해발

---

6 http://cafe.daum.net/pthistory 김해규(한광고)선생의 카페에서 평택의 역사와 지리 내용을 참조하였다.

30m), 자란산(해발 30m), 부용산(34.8m)도 있다.

　하천은 안성천과 진위천이 대표적이다. 근대 이전에는 두 하천이 고을 사이의 경계를 이루고 있다. 안성천은 총 길이가 66.4㎞, 유역면적 1,699,60㎢로 전라도의 동진강보다 수량과 길이가 큰 하천이다. 이 하천은 안성시 삼죽면 국사봉 등 여러 곳에서 시작하고 조선시대만 해도 구간별로 내천, 한천, 홍경천 등 다르게 불렸다. 안성천의 지류는 안성지역의 한천, 청룡천, 충청도의 입장천, 평택지역의 통복천, 도일천 등 19개다. 진위천은 용인시 무네미고개 부근 등 여러 곳에서 발원한다. 이 하천은 조선시대에 장호천으로 불리다가 1914년 일제의 행정구역 개편으로 지금과 같은 이름을 갖게 되었다. 진위천의 지류는 14개인데 오산천과 황구지천이 대표적이다. 오산천은 진위읍지(1843년)에 따르면 토현천이라고 하고, 황구지천은 내천으로 불렸다. 두 하천은 오성면 창내리에서 합류하여 아산만으로 흘러간다.

　사실 평택지방에 정착생활이 시작되고 마을이 형성된 것은 신석기시대와 청동기시대를 거치면서였다. 삼한시대에는 독립적인 정치집단이 성장하지 못하여 양성의 모수국이나 직산의 목지국의 영향 아래 있었던 것으로 보이고, 삼국시대에도 초기에는 백제의 지배를 받다가 5세기와 6세기 고구려와 신라가 성장하면서 고구려와 신라의 지배를 받았다. 고대(古代)의 큰 변화는 8세기 경덕왕 때 행정구역 및 지명 개편에 의해서다. 이때의 개편으로 부산현은 진위현으로 개칭되었고, 동삭동에는 영신현이, 현덕면에는 광덕현이, 안중읍 용성리에는 거(車)성현이, 팽성읍에는 평택현이 만들어졌으며, 특수행정구역인 오타장(오성면), 종덕장(고덕면), 신영장(청북면), 송장부곡(송탄), 백랑부곡(오성), 포내미부곡(포승), 육내미부곡(포승), 천장부곡(팽성읍)이 설치되었다.

고려 초에 이르러서는 평택현(팽성읍)은 천안부의 영현으로, 진위현은 수원부의 영현이 되어 양광도에 속했다. 현종 9년(1018년) 전국의 군현을 주현(主縣)과 속현(屬縣)으로 나누면서 대대적인 행정구역이 개편되었는데, 이 과정에서 진위현과 영신현, 서부지역의 광덕현과 용성현은 수주(水州)의 속현으로, 평택현과 경양현(계양)은 천안부의 속현이 되었다. 평택지방이 독립적인 행정구역으로 발전하기 시작한 것은 고려 명종 때 감무(監務)를 파견하면서부터다. 감무(監務)의 파견은 지방자치적 성격이 강했던 고려시대에 중앙집권이 강화되었음을 의미하기 때문이다. 고려시대에 평택지방은 팽성읍의 하양창과 안산만 해안의 제염(製鹽), 포승면 일대의 목마장으로 주목을 받았다.

조선 건국 후 경제력이 향상되고 교통과 통신이 발달하면서 중앙집권이 강화되자 모든 군, 현에 지방관이 파견되었다. 이 과정에서 고려시대에 작은 단위로 나눠졌던 행정구역이 통합되고, 속현(屬縣)이 주현(主縣)으로 승격되었다. 예컨대 팽성읍의 하양창이 폐지되면서 이 지역이 직산현에 편입되었고, 영신현, 청호역, 송장부곡, 용인현과 의신현의 일부 지역이 진위현에 통합되었다. 하지만 평택현은 그대로 남았다. 진위천 서부지역의 용성현, 광덕현, 오타장, 백랑부곡, 홍원목 등은 수원부와 양성현, 직산현의 월경지가 되어 관할을 받았다. 이로써 평택지방은 안성천과 진위천을 경계

■ 진위현지도(振威縣地圖). 진위현은 평택시 진위면, 서탄면, 고덕면, 옛 송탄시와 평택시내에 해당한다. 지도 중심에 보이는 진위 읍내는 지금 진위면 봉남리에 해당하여, 동헌은 지금의 진위초등학교 자리에 있었다. 관아 건물들이나 사직단(社稷壇)은 모두 헐리고 향교건물과 철조여래좌상(鐵造如來坐像)으로 알려진 만기사(萬奇寺)만 남아 있다. 고을 배후에는 진위의 주산인 무봉산(舞鳳山)이 그려져 있다. 도폭에 보이는 '대로'는 삼남지방에 가는 대동맥인 '삼남대로'로, 지도상의 칠원점(칠괴동 원칠원마을)은 춘향 전에도 나오는 대표적인 주막촌이었다. '춘향전'에서는 진위읍내에서 칠원까지 대백치, 소백치의 두 고 개를 넘게 되어 있는데, 지도에는 생략되어 있다. 서남쪽 아산만에 연결되는 수로변에는 포구와 세창들 이 늘어서 있다. 구 평택(팽성읍) 쪽으로 건너는 포구인 동시에, 이 지역 세곡들을 중앙으로 반출하는 요 로이기도 했다. 지도 남단에 보이는 행정구역 병파면(丙坡面)은 1905년 경부선 평택역이 위치하면서 이 지역의 중심지가 되었다. 또 송산면과 일탄면은 나중에 송탄시가 되어, 이들의 공간구조 변화로 인하여 진위 옛고을은 몰락하게 되었다. (자료 출처 : http://blog.daum.net/paulsong/15701255)

로 경기도 진위현, 충청도 평택현, 수원, 양성, 직산지역으로 분할
되었다.

평택지방은 19세기 말 근대문물이 수입되고 근대적 행정제도가
만들어지면서 또 한 번의 큰 변화를 겪는다. 그 변화의 핵심은 1895
년과 1896년 그리고 1914년에 있었던 근대적 행정구역 개편과 경부
선 철도 건설이었다. 먼저 갑오개혁 직후인 1895년 전국을 23부제
로 개편하면서 진위현과 평택현은 각각 진위군과 평택군으로 바뀌
었고, 이 과정에서 진위천 서부지역이 진위군과 수원군 지역으로
재편되었다. 1896년 13도제가 시행되면서 진위군은 경기도에, 평택
군은 충청도에 편성되었으며, 직산현에 속하였던 옛 경양현(계양)
지역이 평택군으로 이속(移屬)되었다.

평택시의 현재 모습은 1905년 경부선 개통과, 1914년 일제의 행
정구역 개편으로 만들어졌다. 1914년 행정구역 개편은 구한말의
진위군, 평택군, 수원군을 '진위군'으로 통합시켜 오늘날의 평택을
형성시켰으며, 1905년 경부선 개통은 오늘날의 평택시를 생성시
켜 평택지방의 공간구조를 한꺼번에 바꿔놓았다. 부언하면 일제는
1905년 경부선 철도를 개통하면서 황무지였던 진위군 병남면 통복
리 부근(현 평택시 원평동)에 '평택역'을 건설했는데, 이것이 발전하
여 구 평택시가 된 것이다. 철도역 주변에 형성된 식민지형 근대도
시 평택에는 시장(市場)을 비롯하여 금융기관, 수원헌병대 평택분
견대(현 평택경찰서, 1910년), 경성지방법원평택출장소(1918년), 평
택의용소방대(1914년) 등 주요 관공서가 들어섰으며, 점차 교통과
경제의 중심지에서 정치와 행정의 중심지로 변모해갔다. 이와 같

은 발전에 따라 1926년 4월 1일에는 진위군 병남면 평택리가 평택면으로 발전하였고, 진위면 봉남리에 있었던 군청 및 주요 행정관서가 평택으로 옮겨왔다. 평택면은 인구가 급증하고 교통과 행정, 상업과 금융이 발전하면서 1938년 10월 1일 평택읍으로 승격하였고, 군(郡)의 지명도 진위군에서 평택군(平澤郡)으로 바뀌었다.

1946년 병술년 대홍수와 6·25전쟁은 평택지방에 엄청난 피해와 변화를 가져왔다. 1946년의 대홍수는 안성천 변에 건설한 신흥도시 평택을 수해로 휩쓸어 엄청난 피해를 주었고, 수해로 재기가 불투명한 시가지를 6·25전쟁 중 미군은 폭격으로 군청, 경찰서, 세무서, 금융기관, 병원 등 주요 시설을 비롯한 시가지 전체를 쑥밭으로 만들었다. 구시가지(원평동)가 파괴되면서 기차역을 비롯하여 공공기관들은 한동안 자리를 잡지 못하고 이리저리 옮겨 다녔으며, 결국에는 철로의 동쪽으로 옮겨가게 되었다.

새 시가지에는 철도역을 중심으로 부챗살 모양의 도로망과 경찰서, 군청, 시장, 상가, 극장, 시외버스정류장 등이 자리 잡았다. 네모반듯한 방사선 도로망 안에 건설된 공공기관과 상가, 병원, 시장, 종교시설들은 전쟁의 후유증을 극복하고 비약적인 발전을 이룩하였다. 특히 1973년 아산만 방조제가 완공되면서 안성천 변에 새로운 간척지가 형성되고, 1971년부터 시작된 농지정리사업과 수리시설 개선사업의 결과 만성적인 수해와 염해에 시달리던 평택평야는 전국 최고의 옥토가 되었다.

1983년에는 행정구역 조정이 이루어져 기존에 안성시 지역이었던 용이동, 죽백동, 소사동, 청룡동 등이 평택시로 편입되었으며,

1986년에는 평택읍이 평택시로 승격하였다. 이로써 평택은 1914
년 행정구역이 하나로 통합된 이래 다시 평택시와 송탄시라는 2개
의 시(市)와 1개 군(평택군)으로 성장하였다. 1987년에는 서부지역
의 인구증가와 도시발전으로 안정출장소가 설치되었고, 1989년에
는 안중면으로 분리 독립하였으며, 평택항과 포승국가공단 건설에
의한 인구증가로 2002년 12월 안중읍으로 승격하였다. 1991년에는
시·군의원선거와 경기도의원선거가 실시되었고, 1995년에는 기존
세 개의 시·군이 통합 평택시로 합쳐졌으며, 이 해 6·27지방자치
선거가 실시되어 지방자치시대의 서막이 올랐다.

　송탄은 구한말 진위군 시절 일탄면과 이탄면 그리고 송장면으
로 이뤄진 지역이었다. 일탄면과 이탄면은 본래 탄현(炭峴＝숯고개)
을 나눈 것인데, 1914년 일제가 행정구역을 개편하면서 송장의 송
(松)과 탄현의 탄(炭)을 합하여 '송탄'이라고 이름을 붙였다. 일제시
대 송탄(送炭)의 중심지는 중앙동 경부선 서정역 주변이었다. 1905
년 경부선이 개통되면서 이곳에 철도역이 세워지자 서정역은 평택
북부지역의 교통과 상업, 물류의 중심이 되었다. 그래서 역 주변에
는 시장이 형성되었고, 기차역과 시장을 중심으로 상가를 비롯하
여 정감리교회, 서정리 천주교회 등이 들어섰다.

　송탄지역의 큰 변화는 6·25전쟁 후 미군기지가 건설되면서부터
였다. 본래 평택지방 외국군 주둔의 역사는 멀게는 고려 후기 몽고
군의 주둔, 임진왜란 때 왜군의 주둔, 1894년 청군과 일본군의 주
둔으로 거슬로 올라가지만, 장기적인 주둔으로는 1939년 안정리
일대에 일명 302부대라고 하는 일본 해군지원부대가 건설되면서

라고 할 수 있다.[7] 일제 말 한국인을 징용, 착출하여 건설된 이 부대는 6·25전쟁 중 미군이 접수하여 안정리 K-6 공군군기지가 되었으며, 이것을 계기로 송탄에도 K-55공군기지가 건설되었다. 송탄과 안정리에 미군기지가 들어서면서 부대 주변은 크게 변모되었다. 본래 구릉지대와 농경지로 형성된 안정리 일대는 일자리를 얻으려는 사람들과 피난민들이 몰려들었고, 부대 주변에는 기지촌이 형성되었다. 또한 산등성이에 참나무가 많아서 적봉리 등에 숯가마가 발달하여 '숯고개'라고 불렀던 송탄의 탄현지역에도 사람들이 모여들고 부대 정문과 후문을 중심으로 상가, 술집, 여관 등이 들어섰다.

이렇게 형성된 기지촌에는 인구의 급증과 활발한 경제활동으로 급격한 도시팽창이 일어났다. 그 결과 1963년에는 송탄면이 송탄읍으로 승격하였다가 평택지방에서 가장 이른 1981년에는 송탄시로 발전하였으며, 안정리도 1972년에 안정출장소가 설치된 후 1979년에는 팽성읍으로 승격하였다. 1992년에는 새로운 시 청사를 준공하여 이전하였고 도시 동쪽으로 산업도로를 건설하여 이충동, 지산동, 송북동 일대에 신도시가 건설되었지만, 1995년 평택시, 송탄시, 평택군의 통합으로 '통합 평택시'가 만들어지면서 현재와 같은 행정구역을 갖게 되었다.

---

7 홍성철,《유곽의 역사》, 페이퍼로드, 2007, 177쪽 참조.

2. 평택, 외국군 주둔의 역사 1 | 청일전쟁과 러일전쟁

　　필자가 사는 평택에 외국 군대가 들어온 것은 청일전쟁 때부터이다. 일본은 1854년 미국의 간섭으로 200년간 계속된 에도시대(江戶時代) 쇼군(將軍) 통치하의 쇄국정책이 끝나 시장을 개방하게 되었다. 1868년의 메이지 유신과 막부시대의 몰락에 이은 수년간, 일본인들은 일본이 봉건의 상대적으로 후진 사회에서 근대적인 산업국가로 변모하는 것을 목격하였다. 일본은 각국에 대표단과 학생들을 파견하여 서양의 예술과 과학을 배우고 모방하려 하였다. 또 일본은 사할린 섬, 쿠릴 열도, 둥베이에 급속히 세력을 확대해 온 러시아를 경계하여, 이를 막기 위해 조선 침략의 야욕을 드러내었다. 하지만 당시의 조선은 쇄국 상태로 주변의 사회 정세에 대해서 자세하지 않아, 일본에서 일어난 개혁의 의도에도 관심을 두지 않았다. 정치의 실권을 장악하고 있던 흥선대원군은 전통적으로 유지되어 오던 청나라와의 외교관계를 제외한 모든 서양·일본과의 통상수교를 거부하였고, 결국 통상수교는 전혀 진행되지 않았다.

한편, 청나라는 아편전쟁과 태평천국운동 등의 소요를 거치며 크게 쇠퇴하여 있었고, 이를 타개하기 위하여 양무운동을 전개하였다. 그리하여 서양의 신식 문물과 무기를 받아들였다. 그러나 양무운동은 보수파의 반발과 서양의 겉모습을 모방하는 데 그쳐 큰 성과를 거두지 못하였다. 하지만 1894년부터 1895년까지 청나라와 일본이 조선을 서로 지배하기 위해 청일전쟁이 벌어졌는데, 이 전쟁은 일본이나 청나라가 아니라 조선에서 벌어진다. 이때 일본은 청나라와 충남 성환에서 큰 전투를 벌여 대승을 거둔다.

이렇게 청일전쟁의 승리로 한국을 독점하려던 일본의 계획은 러시아가 주도한 삼국간섭에 의해 일시적으로 저지된다. 일본은 정치적 열세를 만회하기 위해 을미사변을 일으켜 민비를 살해했지만, 반일 의병투쟁을 야기함으로써 더욱 수세에 몰렸다. 또한 1896년 2월 친러파에 의해 아관파천이 단행되고, 친러 정권이 수립되었다. 그러나 경제적으로는 일본이 여전히 한국을 독점적으로 지배하고 있었다. 청일전쟁 후 조선의 대외무역에서 일본은 수입의 60~70%, 수출의 80%를 차지함으로써 우세를 차지하고 있었으며, 이권에서도 열강에 분할되는 이권을 최혜국대우 조항에 의해 획득하거나 위협함으로써 확보해갔다.

한편으로는 조선에 대한 경제적 지위를 확실하게 굳히면서 이를 군사적으로 보호하기 위해 대(對) 러시아 전쟁을 상정한 군비 확장에 주력했다. 일본은 청국으로부터 받은 전쟁배상금 3억 6,000만 엔 중 2억 2,000만 엔을 군비 확장에 사용하고, 1896~1903년 예

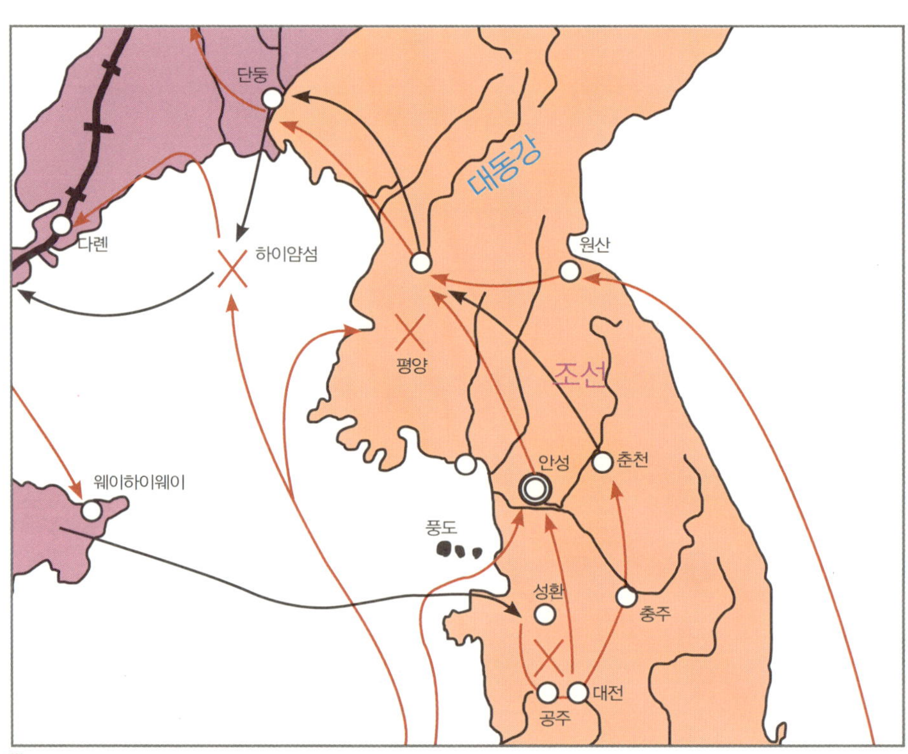

단둥
다롄
하이얌섬
웨이하이웨이
대동강
원산
평양
조선
안성
춘천
풍도
성환
충주
대전
공주

청일전쟁 당시 일본은 원산에 상륙하여 평양 공격을 위한 또 다른 축선을 확보했다.

산세출의 평균 5할을 군비로 충당했다. 그러나 일본은 독자적인 힘으로 러시아와 싸워 승리할 자신이 없었기 때문에, 아시아에 대한 영국·미국의 이권을 지키는 헌병 역할을 스스로 떠맡고 나섰다. 이로써 영국과 미국으로부터 외교적·군사적 지원을 받았을 뿐 아니라, 러일전쟁의 막대한 전비 17억 엔 중에서 8억 엔을 영국과 미국에서의 외채 모집으로 보충했다. 또한 러시아도 삼국간섭 후 1896년 러청은행을 설립하고, 북만주를 횡단하여 치타와 블라디보스토크를 단거리로 잇는 동청철도(東淸鐵道)의 부설권을 획득했다. 또 1898년 뤼순〔旅順〕·다롄〔大連〕을 조차하고 여기에 대규모 해군군사기지 건설을 계획했으며, 조선에 대해서도 1897년 재정고문 알렉세예프와 군사고문을 파견하고, 1898년에는 한러은행 등을 설립했다. 그러나 한국 내에서 일어난 이권반대운동과 영·일 양국의 방해로, 알렉세예프는 취임하지 못하고 곧 본국으로 돌아갔으며 한러은행도 폐쇄되었다. 이에 러시아는 조선으로부터 일보 후퇴하여 만주에 침략의 발판을 굳혔다. 1900년 의화단사건을 계기로 제국주의 열강과 공동 출병한 러시아군은 만주를 점령, 조선을 일본과의 완충지대로 삼으려 했다. 일본은 1902년 1월 영국과 동맹을 체결하여 대응했으며, 러시아도 양보의 태도를 보여 4월 만주철병을 내용으로 하는 만주환부조약(滿州還付條約)을 체결했다. 이 조약에 의해 1902년 10월 제1차 철병을 단행했으나, 이후 러시아의 적극적인 대만주정책으로의 선회로 1903년 4월로 예정된 제2차 철병을 거부하는 대신에 오히려 만주에 군대를 증파했다.

　이후 러시아는 봉황성 안동성 일대를 그 지배하에 두고 뤼순을 요새화했으며, 같은 해 7월 동청철도를 완성했다. 또 8월 아무르 지역과 관동지역을 동아시아 총독구로 하는 이른바 동아시아 총독 부의 설립을 발표했으며, 1903년 4월 압록강 하류 용암포를 점령하 고 군사기지를 설치하여 조차를 요구했다. 이에 일본은 만한교환 (滿韓交換)의 원칙으로 수차례 교섭을 시도했으나, 더 이상 협상 가 능성이 없다고 판단하고 전쟁을 결의했다. 일본은 1904년 2월 4일 대(對)러 교섭 단절과 아울러 개전을 결정했다. 2월 8일 뤼순 항을 기습 공격하여 전함 2척과 순양함 1척을 파괴하고, 9일 인천항에 정박 중인 러시아 함대를 격침시킨 다음 10일 선전포고를 했다.

러시아와 일본 간에 전운이 감돌자, 대한제국정부는 1904년 1 월 21일 국외중립을 선언하고 열국에게 통고했다. 그러나 일본군 은 이를 무시하고 2월 9일 서울에 진주했다. 2월 23일 일본은 공수 동맹의 성격을 띤 '한일의정서'를 체결하게 하고, 병력과 군수품의 수송을 위해 경부·경의 철도 건설을 서둘렀으며, 4월 1일에는 한국 의 통신사업을 강점했다. 5월 18일 대한제국정부로 하여금 러시아 와 체결했던 모든 조약과 러시아인에게 부여했던 모든 이권의 폐 기 혹은 취소를 공포하게 했다. 일본군은 5월 초 압록강을 건너 구 연성(九連城)과 봉황성을 함락시킨 다음 랴오양[遼陽]으로 향했다. 여기에서 8월 28일부터 일본군 13만여 명과 러시아군 22만 명 간에 대격전이 벌어졌으나, 9월 4일 일본군은 펑톈[奉天]전투를 승리로 이끌었다. 이어 여세를 몰아 1905년 1월 초 뤼순 항을 함락시키자, 러시아군은 대세를 만회하고자 발틱 함대를 파견했다. 그러나 5월 27일 대한해협에서 일본해군과의 격전에서 참패를 당함으로써 전세를 돌이킬 수 없게 되었다. 더욱이 제1차 러시아혁명이 발발하여 전쟁을 더 이상 지속할 수 없는 처지였으므로, 미국 대통령 루스벨트의 권고를 수락하여 일본과 포츠머드에서 강화조약을 체결했다.

러일전쟁은 동아시아에서 식민지 분할을 위한 열강 간의 세력 각축의 결과였다. 이는 한국 및 만주를 둘러싼 양제국주의 국가의 무력 충돌에 그치지 않고, 일본의 배후에는 영국·미국의 자본이, 러시아의 배경에는 프랑스의 자본이 각각 지원한 제국주의 전쟁이었다. 이 전쟁을 계기로 한국은 제국주의 열강의 승인 내지 묵인하에 일본의 식민지로 전락하게 되었다.

3. 평택,
외국군 주둔의 역사 2 팽성, 대추리

두 전쟁에서 이겨 조선 지배의 발판을 마련한 일본은 1941년 '2차 세계대전'을 시작하면서 팽성과 안정리, 대추리 일대에 군사기지를 설치했다. 당시 평택에서는 보국대로 끌려가 죽을 고비를 넘겨가며 일본군 기지 건설에 동원된 사람이 많다. 연장은 삽과 곡괭이 정도였고, 사람의 힘으로 논밭과 야산을 허물어 활주로와 격납고를 건설했다. 곡괭이로 파고 들어가다 산이 무너져 죽은 사람도 많았다.

식민지 초기와는 달리 전쟁을 치르면서부터 일본인들은 보다 악랄해졌다. 공출로 곡식과 가축까지도 모조리 일본으로 가져갔고, 노력 동원에 나가는 조선인들에는 콩이나 보리 같은 것을 삶아 주었다. 이렇게 만든 일본군 기지는 30~40만 평 정도 됐다. 이때 땅을 빼앗기고 쫓겨난 사람들은 한 푼도 받지 못했다.

해방이 되고 난 후 안정리의 302부대 일본군 기지에는 미군이 들어와 남아 있던 일본군과 함께 지냈다. 기세등등하던 일본군들은 부대 안에서 물건을 지키거나 잡일을 했다. 미군들은 부대를 넓히기 시작했는데, 부대 주변 마을 사람들은 '하우스 보이'로 미군 부대에 취직하기도 하고, 부대 공사판에서 막일도 했다. 미군들은 15~16세쯤 되는 아이들에게 청소나 잔심부름을 시켰다. 그래서 사람들은 일본군에 비해 미군들을 편하게 생각했다. 미군들은 불도저로 공사를 했기 때문에 야산도 순식간에 활주로로 바꾸었고, 활주로도 금세 새로 깔았다.

4. 평택,
외국군 주둔의 역사 3 │ 송탄

송탄 미군기지는 한국전쟁이 한창이던 1952년 12월, 야리, 적봉리, 신야리, 가마굴 같은 곳의 마을 사람들을 이틀 만에 내쫓고 만든 곳이다. 주민들은 개인 사정에 따라 용인이나 평택, 안성, 서울 등으로 떠나기도 했지만, 갈 데가 없는 사람들은 진위천 둔치로 모여들었다.

미군부대에서 나눠준 천막과 긴 막대기 몇 개, 양쌀이나 양밀가루 두어 포씩을 가지고 끔찍한 겨울을 보낸 주민들은, 이듬해 봄이 되면서 오두막도 짓고 살다가 홍수로 모든 것을 잃은 채, 황구지리나 금각리, 구장터, 회화리 같은 마을로 피눈물 나는 떠돌이 생활을 했다. 미군은 휴전 뒤에도 송탄 기지를 계속 넓혔고, 철거민은 계속 늘어갔다. 1960년대 중반 국방부에서 보상해준다는 소문이 나돌았으나, 국방부 관재과 업무 담당 공무원까지 포함된 중간 브로커들에게 다 빼앗기고 말았다. 물론 '비행장 철거 주민 촉진회'라

는 것을 결성하여 몇 년을 싸운 끝에 감정가대로 보상을 받은 사람
도 있었다.

송탄 미군기지는 13번이나 넓어져 2001년 현재 2백만 평도 넘
는다. 대표적인 미군기지의 건축물로는 미군 기숙사가 있다. 2백만
평이나 되는 송탄 미 공군기지에는 미 태평양 공군 사령부 산하의
미7공군 사령부가 있다. 그동안은 국내 최대의 단일 기지였는데,
필리핀 클라크 공군기지가 폐쇄된 뒤로는 태평양 지역에서 가장
큰 공군기지로 알려져 있다. 처음에는 K-55로 불리다가 1956년 후
반부터는 오산 공군기지로 불리고 있다. 그러나 송탄에 있는데도
미군들이 오산 기지로 부른다. 송탄 미군기지에는 미군 5천 3백 명
과 민간인, 가족을 포함하여 약 1만 1천여 명이 상주하였다. 이 기

지에 근무하는 미군 장교와 사병들은 40개 동의 기숙사에서 가족
과 함께 또는 독신으로 거주하고 있다.

제51전투 비행단도 송탄 미군기지에 있다. 태평양 최강의 전투
력을 자랑하는 송탄 미군기지 안에는 제51전투 비행단 본부도 있
고, 그 아래 제25 비행대대와 제36 비행대대가 있다. 매향리 폭격
으로 유명한 A-10기가 21대, 역시 매향리 폭격에 사용되는 F-16
전폭기가 30여 대 배치되어 있다. 강력한 공격 능력을 가진 MH-
53J 헬기 5대도 있고, 미전략 공군사령부의 U-2기도 3대나 배치되
어 있다. U-2기는 교대로 하루 한 번씩 출격하여 휴전선 이북 지역
을 정찰하여 그 결과를 전투작전정보센터(KCOIC)로 전송한다. 평
상시에는 북한의 남침을 미리 알 수 있는 조기경보체제의 첨병이
지만, 전시에는 전황을 곧바로 파악해 핵심지휘 통제시설인 극비
지휘소 '탱고(TANGO)'나 '오스카' 같은 데 알려주는 상황실 역할을
한다.

송탄 미군기지는 3만 7천 명 정도 되는 주한미군과 그 가족이
한국을 드나드는 관문이다. 이들은 송탄 기지의 북단 활주로 동쪽
에 있는 미공군 사령부 터미널(MAC)을 통해서 출입국을 한다. 무
기 회사인 록히드 마틴사가 관리 운영하는 매향리 폭격장도 미 제
7공군 제51 전투비행단 소속이며, 이 안에는 제51 병참군, 제51 작
전군, 제51 지원군 같은 부대도 있다. 송탄 미 공군기지 안에는 패
트리어트 미사일이 10기 정도 배치돼 있다. 회화리에서 진위천 둑
에 올라가면 군데군데 콘크리트 방벽 뒤로 삐죽삐죽, 하늘을 향해
50도 각도로 어딘지 모를 목표를 향해 고개를 쳐들고 있는 패트리

어트 미사일을 바라볼 수 있다.

안정리 캠프 험프리에도 대대급의 패트리어트 미사일 운용 부대가 있다. 1998년 3월 주한미군은 미사일 요격용으로 한국에 배치할 패트리어트 미사일 기지로 쓰겠다며, 팽성에 17만여 평의 땅을 더 공여해 달라고 공식 요청한 적도 있다. 국방부 관계자도 주한미군이 그런 공문을 보내왔다는 사실을 확인했다. 그해 8월 국방부는 "구체적으로 세부 내역을 밝혀 달라"며, "그 땅은 대부분 농지라서 국방부가 구입해 공여하기 어렵다"는 공문을 보냈다. 주한미군이 요청한 땅을 현장 답사한 국방부 관계자는 그 지역이 대부분 농지인데다 워낙 규모가 커서 매입할 수 없다는 판정을 내린 것이다.

한편 미 국방부는 42억 달러 상당의 미국형 패트리어트 PAC-3 대공미사일 방위시스템 14대와 부속 방비를 한국에 팔기로 했다. 패트리어트 PAC-3은 미사일 방어체제(MD)에서 필수적인 핵심 무기이다. 북한이 미사일로 공격하면 추락시키기 위한 것이다. 육군 중심에서 공군 중심으로 바꾸려는 주한미군이 MD기지를 송탄에 구축하게 되면, 송탄의 미7공군 사령부는 용산 미8군 사령부보다 더 중요한 역할을 하게 될 것이다.

또한 당현리 쪽 야산과 회화리 쪽 진위천 주변의 송탄 미군기지에는 대형 레이더가 있다. 레이더는 엄청난 유해 전자파를 뿜어대기 때문에 주민 건강에 심각한 위협이 된다. 레이더의 원리는 전자레인지와 같기 때문에, 환경 전문가들은 레이더 주변에 사는 주민들은 대형 전자레인지 안에서 사는 것과 같은 영향을 받을 수도 있다고 말하고 있다.

송탄 미군기지에는 골프장을 비롯해서 슬롯머신, PX, 클럽, 식당 같은 이른바 '비세출자금기관'들도 있다. 이런 기관들이 한국인을 상대로 영업을 하는 것은 불평등한 SOFA로 불법이다. 그러나 평택 지역의 많은 유지들이 미군기지를 드나들며 미군들의 배를 채워주고 있다. 미군기지가 직장이 아니면서도 '디켈'이라는 미군기지 출입증을 차에 붙이고 다니는 사람들은 대부분 그런 사람들이다.

5. 평택,
외국군 주둔의 역사 4 안정리 미군기지

미 육군751 정보부대는 평택 안정리에 기지국을 두고 있다. 여기서 중국과 북한의 통신을 감청하고 있다. 산악 지형의 장애를 피하기 위해 산악 지대에 3개의 분국을 설치해 놓고 있으며, 중국 하이난 섬에서 문제가 됐던 간첩기, 이른바 정찰기들은 대부분 송탄 미군기지에 있다.

안정리에는 미군 구치소가 있다. 그래서 미군 범인들은 형이 확정될 때까지 이곳에 구금된다. 대표적으로 윤금이 사건으로 알려진 1992년 10월 28일 엽기적 살인사건으로 온 나라를 떠들썩하게 했던 케네스 마클[8]을 비롯해서, 1993년 서울 역삼동에서 레벤 호프

---

8 윤금이씨 사건. 1992년 10월 28일 윤씨가 동두천 기지촌 자신의 집에서 마클 이등병에 의해 처참히 살해된 채 발견됐다. 윤씨의 신체 특정 부위에는 맥주병과 우산대가 꽂혀 있었고 입에서는 성냥개비 등이 발견됐다. 미군 범죄 중 가장 잔인한 성범죄로, 기지촌 여성문제와 주한미군범죄에 대한 각성과 SOFA 개정운동이 불붙는 계기가 됐다.

주인 김국혜 씨를 성폭행하고, 머리를 때려 혼수상태에 빠뜨렸던 존 로저 병장, 2000년 2월 살인을 저지르고도 불구속으로 재판을 받다가, 재판 직전에 도주해서 다시 한 번 우리를 놀라게 했던 매카시가 있다.

1992년 11월 서울 기독교회관에서 열린 윤금이 씨 살해사건 규탄대회.(사진 출처 : 연합뉴스)

안정리 캠프리에서는 1993년 6월 22일 환태평양 통합망 위성 지국 개통식을 열었다. 캠프 험프리에는 1996년에 창설되었는데, 60여 대의 공격용 아파치 헬기를 보유하고 있으나, 미 육군 소속 AH-64 아파치 공격용 헬기가 지난 1999년 꼬리 회전 날개 부품에 결함이 있는 것으로 밝혀져 10개월간 비행을 중단하고 부품을 교체하기도 했다.

주한미군은 북한의 생화학 무기 공격 위협에 대비한다며, 미군과 대사관 직원 가족들에게 방독면을 지급했다. 해외 주둔 미군에게는 처음 있는 일이었다. 바로 이어 미 육군19전구지원 사령부는 1999년 4월 안정리 미군기지 안에 왜관 캠프 캐롤에 본부가 있는 23화학 대대 소속으로 중대급 규모의 화학 부대를 창설했다. 유사시에 한반도를 넷으로 나눠 군수 지원과 화학 제독을 맡는 19전구지원사의 작전 임무에 따라 창설된 이 부대는 유엔군 사령부와 한미 연합군 부대, 주요 공항과 항만, 지휘통제본부와 같은 시설에

퍼진 화생방을 제독하는 업무를 맡는다. 이 부대는 미군과 카투사로 구성되어 있다.

주한미군은 북한의 생화학 무기 공격에 대비해 탄저병예방 백신을 접종하고 있으며 1999년에는 '포 털 실드'라는 세균 탐지 장치를 주요 미군기지에 설치하기도 했다. 그리고 2000년 4월 17일부터 닷새 동안 화학 부대가 있는 안정리를 비롯한 몇 지역에서 한미합동 화학제독훈련을 했다. 미군 사령부는 "북한의 생화학 무기 공격을 가정한 오염 제거 훈련"이라고 발표했다.

6. 평택,
외국군 주둔의 역사 5 평택으로 집결

2005년은 한국 내 미군기지의 지각변동이 시작된 해이다. 2004
년 12월 7일 국회를 통과한 연합토지관리계획(LPP, Land Partner-
ship Plan) 개정안[9]과 용산 미군기지 이전협정에 따라 2011년에 서

---

9 우리나라 전역에 흩어진 미군기지 및 훈련장에 대한 최초의 대규모 통폐합 계획. 2002
년 4월 한미 간에 체결된 LPP협정안에 따르면 서울시 용산에 있는 1만 4천 평 규모
의 Camp Kim 등 서울 지역 3곳을 포함해 전국 28개 미군기지 및 시설 214만 평, 미
군훈련장 3천900만 평 등 모두 4천114만 평이 2011년까지 단계적으로 우리나라에 반
환된다. 그 대신 우리나라는 미군기지 통폐합을 위해 의정부 Camp Stanley 부근 30
만 평, 오산 공군기지 주변 50만 평, 평택 24만 평, 포항 10만 평 등 기지 시설 7곳과 훈
련장 1곳 등 모두 8곳의 154만 평을 매입해 미군 측에 제공하게 된다. 이로써 현재 총
7천440만 평에 이르는 우리나라의 미군 공여토지는 2011년까지 3천320만 평(전체 면
적의 55.3%) 규모로 줄고 기지는 41개에서 23개로 통폐합된다. 한미 양측은 이번 통폐
합에 소요될 예산 3조 3천억 원 가운데 1조 8천 400억 원은 미군 측이, 나머지 1조 4천
900억 원은 국방부가 군유지 매각을 통해 조달하기로 합의하였다. 이번 LPP합의로
각종 민원 해결에 상당한 도움을 줄 것으로 예상되나 추가 공여지역 주민 반발 및 환
경조항의 미포함 등 논쟁의 여지가 남아 있는 상태이다. "2002년 3월 29일에 서명된 대
한민국과 미합중국 간의 연합토지관리계획협정에 관한 개정 협정"

울, 의정부, 동두천, 부산 등 14개 시의 34개 미군기지와 훈련장이 한국에 반환되었다.

미군기지는 미군 범죄, 미군 주둔과 확장으로 인한 토지 강제 수용, 미군기지에서 발생하는 환경오염, 기형적 도시구조 등 한국 사회에 어두운 그림자를 드리웠다. 미군은 기지 반환에 대해 '4천 만 평에 달하는 소중한 땅을 한국 국민에게 반환하고, 미군 활동으로 인한 피해를 줄이며, 한국 국민들의 안전을 향상시킬 것이다'라고 주장하고 있다.[10] 하지만 미군기지 반환은 해외 주둔 미군에 대한 재배치계획(Global Posture Review : GPR)에 따라 진행된 것이다. GPR은 미국정부가 21세기 새로운 안보환경에 맞추어 추진하고 있는 해외 주둔 미군의 전면적인 개편 계획이다. 제2차 세계대전 이후 냉전시대에 맞게 서유럽과 동북아시아 지역을 중심으로 배치되어 있는 해외 주둔 미군을 대량살상무기(WMD)·테러 등의 위협이 상존하는 21세기 새로운 안보환경에 맞게 재편하려는 계획이다. 2000년 11월 부시(George Walker Bush)가 대통령에 당선되면서 추진해 온 정책으로, 해외 주둔 미군을 유연하게 배치해 세계 어디에서든 신속하게 대응할 수 있도록 하는 데 목적이 있다. 재배치계획에 따라 설정되는 해외 주둔 미군의 규모는 4단계로 구분된다.

첫째, 전력투사기지(PPH : Power Projection Hub)는 대규모 병

---

10 USFK 보도자료, 미군기지 폐쇄 및 부지 반환 2005년 5월 6일.

력·장비를 전개할 수 있는 중추기지로서 미국 본토와 괌 섬·하와이 주 등이다.

둘째, 주요작전기지(MOB : Main Operation Base)는 대규모 병력이 장기적으로 주둔하는 상설기지로, 초현대식 지휘체계를 갖추고 병사들이 가족과 함께 2~3년 머무를 수 있는 기지이다.

셋째, 전진작전지점(FOS : Forward Operating Site)은 유사시 증원을 전제로 한 기지이다.

넷째, 안보협력대상지역(CSL : Cooperative Security Location)은 소규모 연락요원만이 상주하는 지역이다.

이 가운데 한국은 주요작전기지 또는 전력투사기지와 주요작전기지의 사이에 들어갈 것으로 예상되는데, 아직 확정되지는 않았다. 그러나 주한미군의 일부가 신속 대응군으로 운용되는 것만은 분명하다.

이에 대해 한국정부에서는 주한미군의 일부가 신속 기동군으로 운용되더라도 그로 인해 한반도 안보가 위협을 받아서는 절대로 안 되며, 주한미군의 병력이 이동할 때는 한미 양국의 사전 협의 제도를 명문화해야 하고, 한미 연합군의 해외원정은 절대로 안 된다는 원칙을 세워놓고 있다.

제3장
미군주둔지역의 환경재난

1. 폐기물로 인한 환경 재난

러브 캐널 사건

러브 캐널의 '러브'는 1890년대 초 나이아가라 강을 온타리오 호에 연결시키는 운하를 팠던 윌리엄 러브의 끝 이름에서 따온 것이다.

1892년 사업가인 윌리엄 T.러브(William T. Love)는 나이아가라 폭포에 7마일에 이르는 운하를 건설하여 선박을 운항하고 발전소를 세우는 계획을 추진했다. 당시는 직류를 사용하던 시기로 장거리 송전이 불가능하기 때문에 이곳에 발전소를 세우면 많은 공장을 유치할 수 있음은 물론, 인구 20만에서 100만의 도시가 건설될 것을 예상하였다. 그러나 운하가 1마일 정도 만들어져 갈 무렵 미국의 경제 불황으로 재정적인 어려움을 겪게 되었고 교류전류가 발명되어 사업은 의미가 없어졌다. 결국 1마일 길이의 웅덩이만 남기고 러브운하 사업은 1910년에 중단되었다.

하지만 나이아가라 폭포를 보존하기 위해 나이아가라 강에서 물을 끌어다 쓰는 것을 금지하는 법이 의회를 통과하고 자본마저

떨어져 폭 15m, 길이 1.6㎞, 깊이 3~12m만 파고 말았다. 이후 오랜 기간 동안 러브 운하는 그저 지역 아이들의 수영장, 스케이트장으로 이용되거나, 지역 주민들의 쓰레기 매립장이 되었다.

러브 캐널 사건 당시의 사진

1942년에는 미국의 후커 화학회사(Hooker Chemical)에서 이곳에 산업 폐기물을 버리는 것을 승인받아 금속 또는 섬유 조각들을 버리기 시작했다. 이때부터 1953년까지 6~7.5m 깊이의 운하 폐기물 매립지에 알칼리, 지방산, 염소화탄화수소, 향료, 고무와 합성수지용 용매와 같은 화학물질을 철제 드럼통에 넣어 2만 1,000톤을 버렸다.

1940년대부터 1952년까지 후커 케미컬이 나이아가라 폭포 부근의 러브 운하 작업이 중단된 웅덩이에 공장에서 버리는 유독성 화학물질을 매립하였다. 그 위에는 흙을 덮었으며 1953년 이후에는 이곳에 식물들이 자라기 시작했다. 그러자 시간이 지나면서 인근 학교와 주민들이 만성천식, 신장 및 간질환, 선천성 기형아 등의 증세를 보이기 시작했다. 1942년부터 1950년까지 2만여 톤의 유독성 화학물질을 운하에 매립한 뒤, 1953년에 인근 땅을 포함하여 나이아가라 시교육위원회에 기증하였다. 이 지역에는 학교와 주택이 세워졌는데, 학교 운동장에서 이상한 화학물질이 나오고 돌을

던지면 돌이 연기를 내면서 부식하는 현상이 나타나기 시작했다. 1970년대에 들어서면서 학교 지하실에 이상한 물질이 스며 나오고, 하수구가 검은 액체에 부식하는 일이 발생했다. 이 지역 주민들은 피부병과 두통이 자주 발병하였으며 다른 지역에 비하여 유산율이 높았다. 1977년 이 지역을 조사한 시당국은 지하수가 유독성 화학물질로 심하게 오염된 것을 발견하였다. 뉴욕 주 보건 당국으로 하여금 역학조사를 실시한 결과 다른 지역에 비해 유산율이 4배 높고, 1973~1978년에 태어난 어린이들이 정신박약, 심장 및 신장질환 등 선천성 기형아라는 사실이 보고되었다.

미국 연방환경처는 1978년 역사상 처음으로 이 지역을 환경재난지역으로 선포하고 거주하던 주민들을 이주시켰다. 이 지역은 주택과 학교를 모두 철거했고, 유해물질의 증발이나 침출을 방지하고 강우를 차단하기 위하여 플라스틱 커버를 씌운 위에 0.5m 가량의 흙을 쌓고 잔디를 심었다. 사람과 동물의 접근을 막기 위하여 울타리도 쳤다. 78년 카터 대통령은 이 지역을 재난지역으로 선포하고 주민을 이주시켰으며 주위 가옥과 학교는 불도저로 파괴시키고 접근을 막았다.

이러한 과정에서 수십억

■ 러브 캐널 사건 당시에 원인조사를 요구하는 시민들

달러에 해당하는 손해배상 소송이 생겼고, 정부는 막대한 재정적 부담을 안게 되었다. 이 사건은 유해 산업 폐기물의 무분별한 처리에 크나큰 경종을 올려준 대사건으로 우리에게도 심각한 교훈을 주고 있다.

미국정부는 유독성 화학물질로 오염된 이 지역을 정화하기 위해 아낌없는 노력을 기울였다. 1차적으로 운하 매립지구의 흙을 뒤집어엎어 빗물의 침투를 방지했으며, 매립지 주변에는 하수가 모이는 집수관을 설치했다. 다음으로는 운하구역과 나이아가라로 흘러 들어가는 하천의 밑바닥에서 검출되는 다이옥신 제거작업을 시작했다. 이와 같은 복구작업에 미국정부는 1억 달러 이상을 지출했으나 한 번 오염된 토양은 쉽게 정화되지 않았고, 별다른 소득 없이 지금까지 사람이 살지 못하는 유령도시로 남아 있다.

이 사건을 계기로 미국연방정부는 1980년 슈퍼펀드법(The Comprehensive Environmental Response, Compensation, and Liability Act)을 제정, 러브 운하와 같은 유해지역에서 발생하는 문제점을 신속히 처리하기 위해 160억 달러(약 19조 원) 상당의 연방기금을 조성했다. 이 법률의 시효인 1985년 9월 30일까지 연방환경청은 2만 766개의 유해지역을 찾아내고, 507개의 지역에서 유해물질 제거작업을 실시했다.

2. 미군기지 반환과 환경문제

　　미국은 냉전시대가 끝나갈 무렵인 1980년대 말부터 군 기지를 폐쇄하는 계획을 실천해왔다. 군사기지 재조정과 폐쇄(BRAC : Bases for Realignment and Closures)는 기지를 폐쇄·이전하기 위한 계획을 세우며 1988, 1991, 1993, 1995년까지 모두 네 번에 걸쳐 이루어졌다. 2005년에는 미군의 전략 변화를 드러내는 대규모 군사기지의 재편이 이루어졌다. 미국 내 97개 주요 기지에서는 수많은 작은 시설들이 폐쇄, 이전되었다. 주로 국방 비용 절감을 위해 시설을 폐쇄하게 되는데 GAO(General Account Office, 미 의회 예산국) 보고서에 따르면 군기지 폐쇄를 통해 29조 달러가 절약되고 매년 7조 달러가 절감되었다.[11] 2004년 11월까지, 국방부 자료에 따

---

11 "Military Base Closures observations on Prior and Current BRAC Rounds", GAO, 2005. 5.

르면 BRAC 재산 목록의 616,983,730평(504,000acre)의 72%가 다른 연방 혹은 지방정부로 이양되었다. 이 중에서 약 171,384,369평(140,000acre)이 환경정화가 완료되지 않아 아직 폐쇄되지 않았다. 미 국방부는 8조 3천억 달러를 환경정화 비용으로 쏟아부었고 3조 6천억 달러가 더 필요하다고 주장했다.[12]

국방부는 기지를 폐쇄할 때 발생하는 환경문제를 해결하기 위해 환경정화프로그램(DERP, Defense Environmental Restoration Program)을 실시한다. 그러나 이 프로그램을 제대로 시행하지 않아 문제가 발생하기도 한다. 미국 내에서 군기지로 인한 환경문제가 발생하는 것을 보면, 해외 미군기지에서 이런 사고의 가능성이 얼마나 높을지 짐작해 볼 수 있다.

미국의 알라메다 해군 에어스테이션(Alameda Naval Air Staiton)은 10년 전에 폐쇄되었지만 아직도 많이 오염된 것으로 알려져 있다. 국방부가 정화를 끝내고 아파트 단지 건설계획이 발표된 후, 금지된 살충제 성분(Chloradane) 등이 발견되었다. 해군 측은 정화하는 데 필요한 4천억 달러를 부담하는 것을 거부하여 AIG 보험회사로부터 고소당했다.

덴버(Denver)의 Lowry 공군기지를 재개발할 당시, 군 병원에서 나온 석면으로 토양이 오염된 사실이 밝혀졌다. 석면을 제거하는 비용으로 1조 5백억 달러가 소요되었다.

반환 미군기지를 둘러싸고 미군과 한국정부가 크게 간과하고

---

12 Los Angeles Times 2005년 4월 10일 "old bases battle for new life"

있는 부분이 바로 반환 미군기지 환경오염과 복원에 대한 문제다. 미군기지 환경오염은 끊임없이 발생해 왔으며, 2000년 이후 한국 사회에서 이에 대한 인식의 폭이 커졌다. 반환되는 기지에 대한 환경오염 조사와 오염 치유 절차에 대한 한국과 미국 간의 합의에 따르면, 3단계 조사를 진행하고 오염이 확인되면 미군이 치유, 복원하도록 되어 있다. 그러나 이 절차가 끝난 후 발견되는 오염에 대해서는 사용자였던 미군에 책임을 물을 수 없다. 결국 미군기지 환경오염에 대한 조사와 복원이 제대로 진행되지 않는다면 이후에 발생한 문제에 대해서는 고스란히 한국 국민들의 부담으로 남게 된다. 실제로 70년에 미군이 유류수송을 위해 건설한 TKP(Trans Korea Pipeline, 한국종단송유관)의 관리권을 92년 국방부가 넘겨받은 후 송유관 노후로 생기는 오염사고가 끊이지 않았다. 국방부는 낡은 송유관을 미군에게 받아 오염정화, 손해배상 등으로 많은 비용을 부담하게 되어 많은 비판을 받아왔다. 국방부 자료에 따르면 TKP를 폐쇄하면서 토양오염조사, 폐송유관 철거, 사유지 정리 등으로 798억~898억 원이 소요될 예정이다. 미군이 사용하던 시설에서 발생할 수 있는 환경문제를 간과한 사회적 비용을 치룬 것이다. 우리는 미군기지 환경문제에 주목해야 할 시기에 서 있다. 반환 미군기지에 대한 철저한 환경오염 조사와 복원이 진행되어야 한다.

한국의 용산기지 이전협상과 비교되었던 1999년 7월에 이루어진 독일의 '라인마인협정'에서는, 기지를 반환한 뒤 3년 이내에 확인되는 환경파괴도 독일연방과 주유럽미공군이 복구할 책임을 명시하였다. 이 협정은 복구비용의 대금지불방법과 부담해야 할 복구비용 액수까지 구체적으로 정하고 있다. 또 복구해야 할 환경파괴의 내용에 대해 무단방류한 기름, 금이 간 유류탱크, 위험물 저장탱크 등으로 구체적으로 정해 놓고 있다.

한미 연합토지관리계획(LPP)이나 용산기지 이전계획(YRP)에 따라 반환되는 전체 46개 기지들 중에서 환경오염사고가 발생했던 곳은 총 14곳이며, 모두 28건 발생하였다. 이 중에서 기름유출이 21건을 차지해 반환 미군기지에서도 유류사고가 심각한 것을 알 수 있다. 특히, 용산의 메인포스트, 사우스포스트, 원주의 캠프 이글처럼 유류사고가 발생한 곳은 여러 차례 사고 기록을 가지고 있다. 이는 유류저장시설에서 설명한 바와 같이 지하 매설 당시 오염된 것을 제대로 정화하지 않았거나 관리가 소홀했던 것으로 볼 수 있다. 오염사고가 이미 발생했던 기지의 경우는 기지 환경에 대한 관리가 소홀했던 것으로 추정되고, 이미 발생했던 환경오염사고가 완전 복구되었는지 면밀히 검토할 필요가 있기 때문에 과거 오염사고의 특징과 현황을 살피는 것은 중요하다. 다음의 표는 반환 미군기지 환경오염사고의 현황을 나타낸 것이다.[13]

---

13 녹색연합, '반환 미군기지 환경문제와 개선 방향', 반환 미군기지 환경정책 보고서, 2005년 6월, 13쪽.

구분	위치	기지명	반환연도	면적(평)	환경오염 사고 사례
LPP	파주	캠프 에드워드	2005	76,000	기름 유출
		캠프 하우즈	2005	192,000	기름 유출
	의정부	캠프 홀링워터	2006	72,000	기름 유출
		캠프 레드클라우드	미정	253,000	폐수 방류
	원주	캠프 롱	2008	104,000	쓰레기 불법 매립, 기름 유출
		캠프 이글	2008	139,000	폐유 방류, 기름 유출 2건
	하남	캠프 콜번	2007	93,000	기름 유출
	동두천	캠프 케이시	미정	3,691,000	불법 폐기물
	동두천	캠프 님블	2008	20,000	수질오염
	부산	캠프 하야리야	2005	162,000	기름 유출, 석면 오염
용산기지이전	서울	메인포스트(캠프 코이너 포함)	2008	240,805	기름 유출 5건
		사우스포스트	2008	573,332	기름 유출 6건, 독극물 방류 1건
		종교휴양소	2008	6,286	기름 유출
군사임무전환	파주	캠프 보니파스	2004		분뇨와 하수 방류

소리 없는 대재앙, 우리 국토가 오염되어 가고 있다

3. 타산지석 1,
   미군이 남긴 환경오염

미국의 필리핀 점령 과정은 신식민지 지배 과정의 교과서다. 미국 이전의 제국주의 국가들이 보여준 무력진압 일변도의 지배가 아닌 '해방군, 친구, 자유, 민주주의, 독립국'의 얼굴을 한 채 접근한 뒤 결국은 무력을 사용하여 식민지로 만들고, 온갖 불평등한 제도들을 만들어 경제를 지배하는 전 과정은 이후 지금까지도 미국이 다른 나라를 지배하는 미국의 모델이다. 이 과정은 비단 스페인으로부터 필리핀을 차지했을 때뿐만 아니라 이후 일본에게 점령당한 필리핀을 독립시킨 뒤 다시 철저한 종속관계를 만드는 데에도 그대로 되풀이된다.

스페인 식민 시절 당시 미국은 필리핀 독립운동가들의 지원자를 자처했다. 홍콩에 망명 중이었던 필리핀의 독립운동가 아기날도(Emilio Aguinaldo)를 비롯해 필리핀 혁명군에 대한 지원도 아끼지 않았다. 이런 까닭에 필리핀 독립운동가들은 미국이 이미 스페인과 명분을 얻기 위한 모의전쟁(1898년 8월 13일)을 치르고 항복 선언을 받기로 약속했을 때까지도 미국이 새로운 통치자가 될 것이라는 것을 예상하지 못했다.

스페인의 항복 이후 미국과 스페인만 참여한 파리회담에서, 미국은 스페인에게 2천

아기날도(Emilio Aguinaldo)

만 달러를 그동안 스페인이 필리핀에 이뤄놓은 많은 발전들에 대한 대가로 지불하고 필리핀을 넘겨받게 된다.

그러나 이 모든 과정은 필리핀인들에게는 비밀리에 부쳐졌고 미국은 '제국주의에 반대'하며 잠시 동안 필리핀을 재건하기 위해 도움을 주려고 필리핀에 남아 있는 것처럼 행동하였다. 이미 1898년 12월 21일에 만들어졌던 당시 미국 대통령 매킨리의 필리핀에 관한 미국 정책에 대한 최초의 포고문 '호의적인 동화(beneovolent assimilation)'조차도 1899년 1월 4일에서야 통치권 등의 용어들은 축소된 채 필리핀에 발표되었다. 그러나 곧 이 포고문의 원문이 미군 장교의 실수로 공개되자 필리핀은 다시 독립전쟁에 들어가게 되었다.

1899년 2월 4일 마닐라 시의 산후안 다리에서 미군과 필리핀군의 총격전을 시작으로 1902년 4월까지 진행된 3년간의 필리핀 독립전쟁은 당시 루손 섬 시민 6분의 1가량이 이 기간 동안에 죽고 마

는 끔찍한 결과를 낳았다. 전쟁 기간 동안 보여준 미군들의 잔혹함 역시 지금 자행되고 있는 미군들의 이라크 병사들에 대한 학대나 시민들에 대한 횡포와 별로 차이가 없다. 사마르 섬 지방에서는 대부분 포로들을 불에 태워 죽였고, 맥아더 장군은 포로들을 미군 병사들의 과녁 맞추기 연습용으로 이용하게 하였다. 1901년에는 사마르 지역에서 미군들이 전투에 패배하자 그 지역의 모든 남자들과 10세 이하의 소년, 소녀들을 처형하라는 명령이 내려졌다.

1902년 4월 16일 공식적으로 필·미 전쟁이 종결되고 필리핀은 스페인에 이어 다시 미국의 식민지가 되었다. 이후 1941년 12월 7일 일본군이 하와이 진주만을 기습한 뒤 이어 필리핀을 공격하여 다음 해 1월 2일 마닐라를 점령한 뒤엔 3년 동안 일본의 식민지가 되었다. 1945년 2월 23일 태평양전쟁에서 패배하기 시작한 일본으로부터 미국은 다시 필리핀을 탈환한다.

미국의 식민지 시절부터 과도정부를 구성해 독립을 준비해오던 필리핀은 47년 7월 4일 미국으로부터 독립이 선포되었고 공화국 초대 대통령으로 로하스가 취임하였다. 비로소 300여 년에 걸친 식민지 역사를 마치고 주권국가로 독립하게 된 것이다. 그러나 필리핀 땅에서 일어난 두 번의 미국과 일본의 전쟁으로 인해 필리핀의 모든 사회 기반은 90% 이상 파괴된 상태였고, 군사적 기반이 거의 없는 상태에서 소련, 중국 등 사회주의 국가의 침입 가능성은 자연스럽게 필리핀이 다시 미국의 영향력 아래에 놓이게 하는 순서를 밟는다. 물론 이 모든 과정은 미국에 의해 이미 계산된 것이다.

오랜 전쟁과 값싼 필리핀 노동력과 상품(설탕, 잎담배 등)의 유입으로 미국 내의 경제, 정치적인 상황 역시 어려움을 겪고 있었기 때문에 더 이상 필리핀은 미국의 식민지로서의 가치가 없었다. 그러나 여전히 필리핀이 갖고 있는 자원과 지리적 조건은 미국에게 필요한 것이었으므로 독립을 보장해주는 대신 다른 것을 얻게 되는데, 그것은 바로 이후 지금까지 필리핀을 미국의 반(半)식민지로 남게 한 경제적 종속을 위한 'Bell' 협정과 미군주둔을 위한 'MBA' 협정이다. 1946년 7월 4일 필리핀과 미국의 통상무역에 관한 'The Phillippine Trade Act of 1946' 혹은 법안을 제시했던 벨 상원의원의 이름을 딴 '벨' 협정이 양 정부에 의해 조인되었다. 전후 복구를 위해 미국의 원조를 받고 자본을 끌어들여야 하는 필리핀의 상황이 일부 반영되었다고는 하지만, 이 협정의 실제 의미는 필리핀 헌

법에 있는 '필리핀인들이 적어도 60% 이상의 주식을 갖고 있는 회사만 필리핀의 천연자원을 처분, 개발, 이용할 수 있다'는 조항을 무시한 채, 미국인들도 필리핀인과 '동등한 권리'를 부여받는다는 것이다. 이 법안은 이후 여러 차례 개정을 거치긴 하였지만 실제 국내 자본력이 부족한 필리핀에서는 자원의 이용권 대부분을 미국에 넘겨주게 된 결과를 낳는다.

필리핀의 독립에 맞추어 미국과 필리핀은 'The Treaty of General Relations 일반관계 조약'을 맺게 된다. 이 조약의 1조에는 '미국이 통치하던 모든 권한과 시설들을 철수하되 미국과 필리핀이 공동방위를 위해 필요하다고 여겨지는 경우 군사시설과 사용 권한을 필리핀의 동의 아래 남길 수 있다'고 되어 있는데, 이 조약은 다음 해 미군기지의 계속된 주둔에 대한 법적인 근거가 되었다. 이 조약에 근거해 다음 해인 1947년 3월 14일 상호방위를 목적으로 '99년 동안 사용료 지불 없이' 필리핀 전역에 23개의 기지 및 군사시설을 사용할 수 있도록 하는 Military Bases Agreement(이하 MBA)가 체결된다. 이 조약이 필리핀에게는 얼마나 불평등한 것인지는 다음의 글에 잘 나타나 있다.

클라크 공군기지(Clark Air Force)의 개요는 다음과 같다.

● 위치 : Pampanga Province
● 전체 부지 : 55,000has(기지와 관련 부지 포함)
  – 기지시설 : 4,500has
  * Air Force Transmitter at Camp O'Donnel : 1,000has

* Crow Valley Weapons Range : 20,000s

● 주요 기능과 시설

　－ 미13공군의 사령부

　－ 제3전술전투비행단 : 전술전투비행대대(F-4E Phanton Ⅱ) 2, 공

　　격용 비행대대 1

　－ 전술공수비행대대 1 : C-130 Hercule와 C9s-374th 보유

　－ 전투 지원 그룹

　－ 550개의 침상을 갖춘 병원

　－ 전략공군사령부의 최대 통신설비부대 : 조기 경고 위성으로 적

　　의 미사일에 관한 정보 수집, 고·저주파 라디오 시설 갖춤.

　－ 남서태평양과 인도양 최대의 군수물품 보급창고 역할 : 하루에

　　수송용 비행기 70대까지 착륙 가능한 규모의 비행장으로 위급시

　　3,000톤의 화물과 22,000명의 인원을 하루에 수송 가능

　－ 전투기, 항공기 정비, 개조 서비스

　－ 폭격훈련 : Crow Valley의 폭격 훈련장. 공중과 지상의 타켓을

　　공격할 수 있는 미군의 실제 전투 훈련장. 폭격 타켓, 기총 타켓,

　　전술 range, 비행장, 교란용 레이더, 지대공미사일 훈련 등 실시

　－ 정글 훈련 : 베트남전쟁 중엔 The Pacific Air Force Jungle

　　Survival School 만들어 산림, 밀림 등에서 전투와 생존법 등에

　　대한 교육 실시.

● 기지 거주 인구(1988년 기준)

　－ 미군속 : 10,827명 / 군무원 : 598명 / 미군 가족 : 14,125명

- 기지에 고용된 필리핀 노동자 수(1989년 기준)

  – 직접 고용자 : 4,485명 / 비 직접 고용자 : 37,899명

- 배후도시 : 앙헬레스(Angeles CIty, 1986년 자료)

  – 도시 수입의 55%가 유흥업으로부터 나옴. 나머지는 대부분 농업.

  – 인구 : 188,834명

  – 유흥시설 종사자 : 약 10,000명[14]

또한 수빅 해군기지(Subic Naval Base)의 개요는 다음과 같다.

- 위치 : Ologapo City, Zambales Province, Luson Lesion

- 전체 면적 : 24,415has(기지와 관련 부지 포함)

  – 육지 : 13,790has / 바다 : 9,525has

  – 산미구엘 커뮤니케이션센터 : 1,100has

- 주요 기능과 시설

  – Naval Station : 항공모함 선박장

  – Cubi Point Naval Air Station : 7함대의 공격용 항공기용, 200
  대의 항공기 정박 가능.

  – Ship Repair Facility : 7함대 모든 군함의 60% 가량을 수리할
  수 있는 시설, 베트남전쟁 동안엔 한 번에 110대의 배를 수리함.
  4,300여 명의 숙련된 필리핀 노동자들이 일함. 선박 수리에 필요

---

14 『Fact Book : U.S. Facilities and Their Alternative』와 『The Bases of Our
  Insecurity』의 내용을 참조. 녹색연합의 연수보고서에서 재 참조.

한 대부분의 부품이나 장비 역시 자체 생산 가능.

- Public Worker Center : 건축, 교통, 실용품 보급 등의 생활 서
비스 기능

- Naval Supply Depot : 석유 저장 및 공급(한 달 평균 4million
barrel 공급하고 22개의 탱크가 있는 'Fuel Farm' 시설 보유, 세계 최대
규모), 기타 180,000 종류의 물류 저장.

- Naval Magazine : 탄약 저장 및 수리 시설, 46,000톤의 탄약 저
장, 한 달에 15,000에서 25,000톤 가량의 탄약 제조 가능.

- Naval Hospital : 평상시 84개의 침상 보유, 위급시 130개까지
가능하도록 설비됨.

- Naval Communication Center : 7함대와 각 미군 함과의 연락
  시설

- Marrine Barrack

● 기타 시설

- 휴양시설 : 골프장(18홀 규모), 볼링장, 극장, 체육관, 수영장, 요
  트클럽, 서비스 클럽, 사격장 등

● 기지 거주 인구(1988년 기준)

- 미군속 : 6,290명 / 군무원 : 728명 / 미군 가족 : 15,765명

● 기지에 고용된 필리핀 노동자 수(1989년 기준)

- 직접 고용자 : 15,811명 / 비 직접 고용자 : 21,330명

● 배후도시 : 올롱가포 시(Olongapo CIty, 1986년 자료)

- 경제의 90%를 기지에 의존, 2,124개의 서비스와 수출 관련 회사

- 인구 : 271,030명 / 유흥시설 : 405곳 / 유흥시설 종사자 : 약
  23,000명[15]

앞에서 말한 것처럼 필리핀에 위치한 주요 미군기지는 클라크
공군기지(Clark Air Force)와 수빅 해군기지(Subic Naval Base)다.
이 기지들은 1991년에서 1992년 사이에 필리핀에 반환되었다. 하
지만 반환 전부터 기름 유출, 제초제 살포, 폐기물과 탄약 배출 등
으로 인한 환경오염이 발견되어 왔다. 미군은 독성물질에 대한 적

---

15 『Fact Book : U.S. Facilities and Their Alternative』와 『The Bases of Our
Insecurity』의 내용을 참조. 녹색연합의 연수보고서에서 재 참조.

■ 2013년 현재 클라크 공군기지

절한 관리 및 처리 등에 실패하였고, 군사기지 폐쇄 시에도 이러한
오염원을 제거하지 않았다.

　1992년 미군이 필리핀을 떠난 후 미군기지가 있었던 클라크와
수빅기지 주변의 주민들은 미군과 관련된 모든 문제가 해결되었다
고 생각했지만 현실은 그렇지 못했다. 1991년 6월, 클라크 미군기
지 부근에 있는 피나투보 화산이 폭발하자 인근 지역 주민들은 미
군이 철수한 기지 내(CABCOM, Clark Air Base Command)로 이주
를 했다. 그 후로부터 2~3년이 지나자 약 3백 명의 주민이 암과 백
혈병, 폐질환을 앓기 시작했다. 그로 인해 사망한 사람만 1백 30명
에 달했다. 주민들이 이주한 지역은 미군 세차시설이 위치했던 곳
으로 크롬, 수은, 납, 벤젠, 톨루엔 등 각종 유독물질로 심각하게
오염된 지역이었다. 이에 대해 2000년 7월 필리핀정부가 미국정부

1991년 4월, 클라크 공군기지 인근의 피나투보 화산이 폭발하면서 본격적인 미군 철수가 시작되었다. 당시 미군들이 급하게 철수를 하면서 폐유와 다양한 화학물질들을 어딘가에 폐기했다. 사진에서 회색으로 보이는 것이 화산 모래다.

에 '전 군사기지의 환경정화에 대한 환경 협력 요청'을 하였으나 미국정부는 지금까지 당시 MBA(Military Bases Agreement)에 기지 철수 후 환경정화에 관한 부분이 포함되어 있지 않으므로 기지 정화에 관한 책임이 없다고 주장하고 있다. 현재 오염된 클라크 기지를 정화하기 위해서는 10억 달러가 필요할 것으로 추정되고 있다. 우리는 필리핀의 클라크(Clark)와 수빅(Subic) 미군기지 환경오염으로 인해 발생한 환경 재앙의 교훈을 잊어서는 안 된다.

1991년 피나투보 산의 화산 폭발을 피하기 위해 클라크 공군기지에 피신해왔던 주민들은 기지 오염으로 인한 직접적인 피해를 입었다. 그들은 클라크 공군기지가 독성물질로 오염되어 있다는 사실을 통지받지 못했고, 기지 주위의 우물을 식수로 사용했다. 이

는 이후 다양한 합병증 등 심각한 건강문제를 일으켰다. 수빅 만에서는 상당한 수의 희생자가 보고되었으며, 이는 주로 선박 수리시설에 근무하는 노동자들에게 발생한 석면으로 인한 피해였다. 지역환경 NGO단체인 '군사기지 정화 대책본부(The People's Task-force for Base Cleanup)'에 의하면 클라크 공군기지와 수빅 해군기지에 의한 희생자는 2004년 4월 말 기준, 2,060명에 다다른다. 그중 1,060명이 사망하였으며, 현재 생존한 사람들은 백혈병, 암, 기관지성 문제, 피부병 등을 호소하고 있다.

이에 있어 미군은 어떠한 환경오염 정화나 희생자들에 대한 보상을 실시하지 않았다. 1947년 필리핀-미국 SOFA조약은 미군이 사용 기지를 원래의 상태로 복원시키는 것에 대한 책임을 면제해 주었고, 이는 미군이 어떠한 조치를 취하지 않는 것에 대한 정당성을 부여하였다. 많은 희생자가 기지 오염으로 인해 발생하였다는

것만으로도 필리핀에서 발생한 이 사건을 재고하는 것은 매우 중요하다.

수빅 해군기지는 원래 1868년부터 1898년까지 스페인정부에 의해 사용되었던 해군항이었다. 아시아, 태평양을 모두 컨트롤 할 수 있는 위치일 뿐만 아니라 삼면이 높은 산으로 둘러싸여 있고, 육지 깊숙이 들어온 수빅 만은 아무리 강한 태풍이 불어도 군함을 안전하게 정박시킬 수 있는 환경을 갖고 있다. 누가 봐도 천하의 군사적 요새가 될 만한 지형을 갖고 있어 스페인 시절부터 줄곧 군사기지로 사용되었던 것이다.

2차 세계대전 이전까지 잠수함 관련 시설과 해군항으로만 사용되었던 수빅은 한국전쟁을 거치면서 쿠비 해군비행장을 갖추며 복합시설을 갖춘 거대한 해군기지로 확대된다. 이후 수빅 기지는 항공모함을 정박할 수 있는 항만시설과 훈련장, 군수지원시설, 선박 수리시설들을 갖추고 서태평양과 인도양에서 작전을 수행하는 미군 7함대를 지원하는 역할을 하였다.

또한 수빅 기지는 핵탄도 미사일을 장착한 잠수함을 보관하는 곳으로도 이용되었다. 공격용 핵무기를 실은 이 잠수함은 잠발레스 산의 원자탄도 막을 수 있는 깊은 동굴에 보관되었다. 지금으로부터 20여 년 전인 1991년 9월 16일 필리핀 의회가 미군 철수를 결의할 때만 해도 필리핀 내부의 분위기는 '반미(反美)'가 강했다. 필리핀 상원이 '미군기지 임대를 10년간 재연장하자'는 안을 12 대 11 한 표 차로 부결시키자 '1세기에 걸친 미국의 식민 지배로부터 해방됐다'는 환영의 분위기가 마닐라를 뒤덮었다. 당시 코라손 아키노 대통령의 "현실을 직시하라"는 호소도 소용이 없었다. 코라손 아키노는 '피플 파워'의 주역이다.

1983년 남편인 베니그노 니노이 아키노 상원의원이 오랜 미국 망명 생활을 접고 귀국을 위해 들어오다가 마닐라공항(현 니노이 아키노 국제공항)에서 저격 사망한 뒤 필리핀 민주화운동의 상징으로 떠올랐다. 21년간 장기 집권한 페르디난드 마르코스를 내몰고 대통령에 당선된 코라손 아키노는 미군 철수에 따른 안보 약화를 우려해 미군 철수에 반대했었다.

하지만 필리핀 의회는 당시 아키노의 경고를 무시했다. 필리핀이 미군 철수를 결정한 것은 1992년 필리핀 대선을 앞두고 '미군기지 오염'이 정국의 이슈로 부각되면서부터다. 1986년 필리핀 민주화와 함께 마르코스 정권의 21년 장기 독재를 지지해온 미국에 대한 반감도 맞물렸다. 미국 로널드 레이건 정권은 축출된 마르코스의 하와이 망명을 허용해 필리핀인의 반미 감정을 더욱 고조시켰다. 결국 미국은 반미 열풍 속에서 떠났다. 하지만 코라손 아키노 정권 때 단행된 미군 철수는 20년 만에 그 아들에게 부메랑으로 되돌아왔다. 2010년 대통령에 선출된 베니그노 아키노 대통령(아키노 3세)은 코라손 아키노의 아들이다.

1991년 필리핀과 미국은 필리핀 의회에서 미군 주둔 연장안이 부결된 후 '플랜B' 마련에 들어갔으나 이 역시 '핵무기 존재 여부 점검'을 둘러싼 이견으로 결렬됐다. 심지어 일부 강경파 의원들은 '신(新)식민주의'를 운운하며 '미군기지의 단계적 철수안' 같은 중재

폐허가 된 집터들

필리핀 미군기지 내 미군 군수품재활용센터(DRMO)에서 발견된 오염물질[16]

● 염화솔벤트(Chlorinated Solvents)

  세척에 다양하게 쓰임. 간, 신장, 신경계에 영향, 암 유발 가능

● 카드뮴(Cadmium)

  흡입할 경우 폐병 유발, 섭취하여 신장에 축적되면 뼈에 영향을 주고 혈
  관 관련 질병, 간, 암 유발 가능

● 폴리염화비페닐(PCB : Polychlorinated-Biphenyl)

  면역 시스템 장애, 피부 장애, 종양, 여성 생식기의 암 유발, 호흡기를
  통해 아이들에게 전달, PCB에 노출된 산모의 경우 저체중이나 머리 이
  상의 아이를 출산할 수 있음.

안마저 거부했다. 1998년 대통령이 된 조지프 에스트라다 당시 상
원의원은 "단계적 철거안은 기지 사용 연장을 은폐하려는 것"이라
고 비난했다.

● 수빅 지역 : 미국 기업인 Woodward-Clyde(1996년)

  - 10개의 오염 지역, 13개의 오염 예상 지역

  - 비소, 크롬, 납, 카드뮴, 수은, DDT, PAT 등이 주요 오염물질

● 클라크 지역 : Weston International(1997년)

  - 13개의 오염 지역

---

16 '클라크 기지의 독성물질의 이동에 관한 연구 보고서', UP Against TOXICS, 2000.

- 수은, 질소, 살충제(Dieldren), PCB, 납과 유기용제(벤젠, 톨루엔
  등)가 주요 오염물질로서 수백 만보다 오염이 심각한 것으로 나
  타남.

오염물질	기지 내 사용 용도(발견 장소)	인체에 미치는 영향
석면(Asbestos)	보일러의 단열, 지붕이나 벽면의 건축자재(클라크와 수빅의 매립장, 수빅의 선박수리시설)	폐암, 석면침착증(asbestisis, 폐에 석면이 흡착) 흉막, 복막의 중피종암
폴리염화비페닐 (PCB: Polychlorinated–Biphenyl)	전기전열제(클라크 발전소, 주물룸, 쿠비포인트의 사격연습장, DRMO 작업장, 클라크의 모터풀 지역)	면역시스템 장애, 피부장애, 종양, 여성 생식기의 암 유발, 호흡기를 통해 아이들에게 전달, PCB에 노출된 산모의 경우 저체중이나 머리 이상의 아이를 출산할 수 있음.
펜타클로로페놀 (PCP: Pentachloropehenol)	탄약 장전 시 사용되는 목재 처리(Naval Magazine)	간·신장·폐 손상, 중앙신경 시스템과 위장 시스템에 영향, 다량을 흡입할 경우 사망할 수 있음.
Petroleum–Hydrocarbons: 벤젠, 톨루엔, 에틸벤젠, Xylene–BTEX	연료혼합제(수빅의 연료 저장소, 클라크 수빅 POL수송관, Phil Rock Products Compound, 클라크의 비행장과 모터폴, 수빅 병참시설의 탱크 저장소)	간·신장 손상, 비뇨기 계통 감염, 출산 기능과 신경계 이상
벤젠(Benzene)	연료 혼합제	골수 이상, 염색체 이상, 백혈병 유발
Chlorinated Solvents (carbon tetrachloride, trichloroethylene, benzene)	Cleaning에 다양하게 쓰임 (수빅 발전소, 쿠비파워포인트, 샌드블러스팅 작업장, SRF, 사격훈련장, 매립장, DRMO 작업장)	간, 신장, 신경계에 영향, 암 유발 가능
카드뮴(Cadmium)	페인트(매립장, SRF, 쿠비포인트, DRMO 작업장)	흡입할 경우 폐병 유발, 섭취하여 신장에 축적되면 뼈에 영향을 주고 혈관 관련 질병, 간, 암 유발 가능
납(Lead)	페인트, 연료(매립장, SRF, 쿠비포인트, DRMO 작업장)	어린이의 인식력과 운동신경 결핍, 만성신경장애, 뇌장애, 사지기능장애, 혼수, 경련(경기), 간기능장애, 불임, 유산과 태아 사망
Organotonins	Anti–fouling agent, 페인트 (매립장, SRF)	신경 시스템과 뇌에 영향을 줘 면역 시스템의 이상을 가져옴

소리 없는 대재앙, 우리 국토가 오염되어 가고 있다

4. 타산지석 2

2008년 7월 일본에도 자주 기항하는 원자력 잠수함 휴스턴이 방사능 유출 사고를 일으킨 일이 판명되었다. 사고에 관한 미 해군의 최종 보고서에는 "잠긴 밸브에서 방사능을 포함한 냉각수가 스며 나오기 시작했다. 방사능이 유출된 것은 2006년 6월부터 2008년 7월까지 2년간, 냉각수에 들어 있던 방사능은 코발트, 유출된 방사능 양으로는 인체·해양생물·환경에는 영향이 없다"고 기재되었다. 그러나 방사능 유출을 일으킨 밸브가 함선의 어느 위치의 것인지, 왜 밸브에서 방사능이 나왔는지, 방사능이 인체와 환경에 영향이 없다는 근거는 무엇인지 등 중요한 것은 쓰여 있지 않았다.

1964년 원자력 잠수함 Sea Dragon이 사세보 항에 기항했다. 미 해군의 원자력 함선이 일본에 기항한 것은 이때가 처음이다. 방사능 유출 등을 우려하는 일본에 대하여 미국은 'Aid Memoir'를 발표하여 원자력 함선의 안전성을 강조했다. 또한 원자력 항공모함의 모항으로써 요코스카를 사용할 즈음에는 '합중국 원자력 군함의 안전성에 관한 Fact Sheet'를 일본정부에 제출하여 미 해군의 원자력 함선이 방사능 유출을 일으킬 일은 있을 수 없다고 단언했다. 휴스턴 방사능 유출 사고는 절대로 일어나서는 안 되는 사고였다. 그러나 미국으로부터 충분한 설

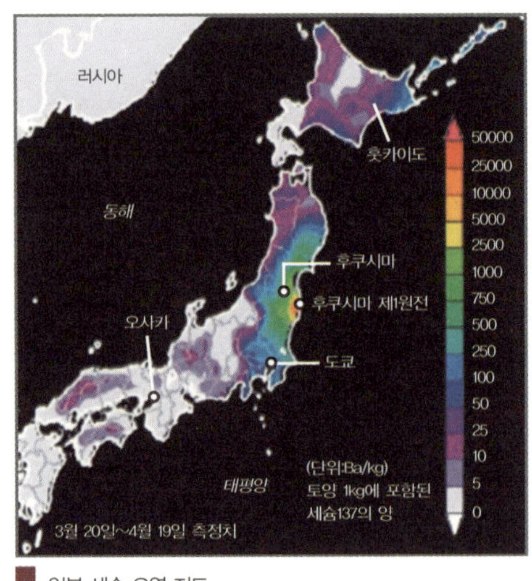

일본 세슘 오염 지도

명은 없었고, 일본정부 또한 독자적인 조사는 아무것도 하지 않은 채 미국의 설명을 받아들이기만 했다. 휴스턴은 방사능 유출 기간 중에 나가사키의 사세보 기지에 5번, 가나가와의 요코스카 기지에 1번, 오키나와의 화이트 비치에 5번 기항했다. 이들 기지가 있는 지자체의 리더는 일본정부에 대한 불신감을 더욱더 가지게 되었다. 일본의 세슘 오염 지도와 주일미군의 배치 현황이 일치하는 것은 우연의 일치가 아니다.

주일미군의 홈페이지에 의하면 일본에 주둔하고 있는 미국 군인의 숫자는 육군 2천 명, 공군 1만 3천 명, 해군 1만 9천 명, 해병대 1만 6천 명 등 약 5만 명이다. 또한 이 지역에 미국 국방성 군속 5,400명과 군인·군속의 가족 5,400명이 일본에 살고 있다. 일미 간에는 주일미군병사의 숫자를 정한 계약은 없다. 미국은 독자적인 판단으로 병사의 숫자를 늘이거나 줄이거나 할 수 있다.

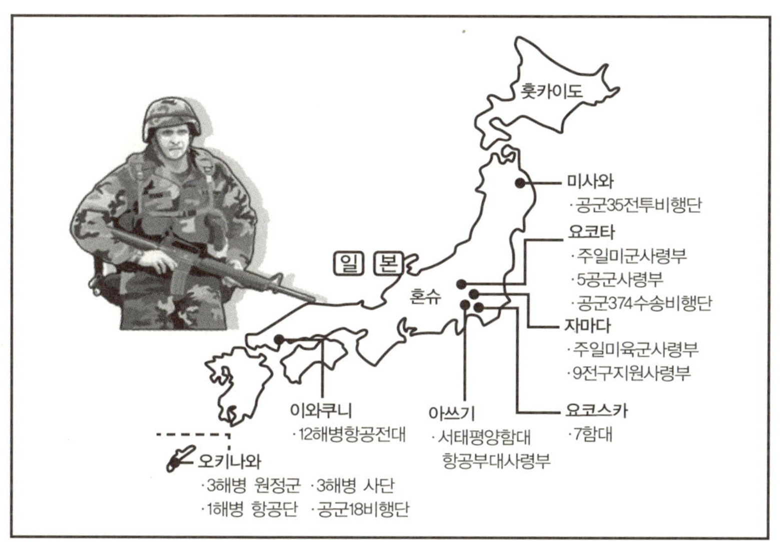

주일미군 배치 현황(자료 출처 : http://www.chosun.com/national/news/200509/200509210473.html)

2006년 5월 1일, 일미 양 정부는 워싱턴 DC에서 일미안전보장협의회(2+2) 회의를 개최하여 주일미군 재편에 대한 합의문서「재편실시를 위한 로드맵」을 발표했다. 이 로드맵에는 오키나와에 주둔하는 해병대에 대해 ① 2014년까지 해병대원 8천 명과 가족 9천 명을 괌으로 이전한다, ② 이전을 위해서 괌에 건설하는 신기지·부대숙소·가족주택 등의 총 비용 107.2억 달러 중, 60.9억 달러를 일본이 부담한다, 등이 포함되었다. 2009년 2월 17일에는 오바마 신정권 아래 국무장관에 취임한 힐러리 클린턴이 일본을 방문하여 나카소네 외무성 장관과 회담하여 '해병대 괌 이전 협정'에 서명했다.

그러나 협정의 승인에 관한 국회 심의 중에서 사민당과 민주당의 추궁에 의해 정부는 해병대의 삭감은 '실수(實數)'가 아닌 '정수

(定數)'인 것을 인정했다. 죽 미국 측이 해병대의 '정수'를 1만 8천 명에서 1만 명으로 하는 것이며, '실수'로 몇 명 삭감될지는 불분명한 것이다.

일본정부가 미군에게 제공하고 있는 시설은 85곳(본토 52곳, 오키나와 33곳)으로 면적은 309km²(본토 80km², 오키나와 229km²)이다. 그 외에도 미군은 자위대가 보유하는 시설 중 49개 시설을 사용할 수 있다. 일미안보조약과 일미지위협정 등의 규정에 의해서 일본은 미국에게 무상으로 기지를 제공하고 있다. 본토에 있는 미군기지의 대부분은 전쟁 종결 전 일본군이 기지로 사용했던 곳의 토지이며, 현재에도 일본정부의 재산이다. 따라서 토지의 임대료는 필요 없다. 반면 오키나와에 있는 미군기지의 대부분은 미군통치시대에 미군이 주민으로부터 수용한 것이며, 토지 권리 소유자가 존재한다. 따라서 일본정부는 미군기지의 토지 주인에게 토지의 임대료를 지불하고 있다.

〈오키나와 타임즈〉의 기사(2006년 1월 10일)에 따르면, 미군기지에 토지를 제공하고 있는 군용지 주인은 약 3만 3천 명으로 2003년도의 땅 임대료는 770억 엔이라고 한다.

가나가와는 수도 도쿄의 남쪽 근처에 위치하고 있다. 그 동남부는 태평양에 접해 있고 도쿄 바다의 현관 입구이기도 하다. 따라서 일본 제국시대에는 국내 최대의 해군기지가 가나가와의 요코스카에 배치되었다. 또한 1925년에는 육해군의 항공부대가 정비됨에 따라 도쿄 내의 군사기지가 비좁아져 가나가와의 중앙부에 새로운 군사 거점이 만들어졌다.

전쟁이 끝난 후 이 모든 시설이 미군에게 접수되었다. 그 후에 그 일부가 일본 '자위대'와의 공동 사용 기지로 되었고, 현재에 이르기까지 오키나와 다음으로 많은 미군기지를 가지는 곳이 가나가와이다.

가나가와 내의 미군기지는 미군의 아시아 전역에의 전력투사 거점으로서 평상시에도 큰 역할을 계속 담당해오고 있다. 그중에서도 육군의 '캠프 자마(Camp Zama)'는 '6·25 전쟁' 정전협상 후인 1954년 이래, 한반도의 'UN군'의 후방 사령부기지로서 그 역할을 해왔다(2007년 11월 2일, UN군 사령부는 요코타 기지로 이전). 그리고 요코스카의 해군기지는 1973년 이후, 미군의 해외 유일의 항공모함 모항이며, 이라크전쟁에서는 이곳에서 발진한 항공모함 전투단이 해상발사의 미사일 공격에 있어서 아주 큰 역할을 완수했다.

지역에서의 일상적인 환경 피해로 가장 눈에 띄는 것은 요코스카의 원자력 항공모함의 함재기(艦載機)를 상주시키고 있는 아쓰기 기지 군용기 폭음이다. 밤낮을 가리지 않고 비행하는 전투공격기의 굉음으로 인한 폭음 피해는 지역 시민의 생활을 나날이 계속 위협하고 있다.

동경도는 태평양전쟁 중 오키나와와 함께 지상전이 치러진 지자체 중의 하나이며, 현재 16,030,000m² 면적의 8개 시설에 미군이 주둔하고 있다.[17] 육군(1개 시설)은 아카사카 Press Center이고, 해

---

17 본 현황은 아산시청의 지역정책연구팀 최충익의 2007년 "미군기지 평택 이전에 따른 아산시의 지역개발계획 수립을 위한 기초사례조사"에 기초한 것이다.

군(2개 시설)은 이오우지마 통신소, 뉴산노 미군센터이며, 공군(5개 시설)은 요코타 비행장, 후추 통신시설, 타마 서비스보조시설, 오오와다 통신소, 유기 통신소 등이 있다.

요코타 비행장의 경우 많은 지역 주민의 소송이 빗발치고 있다. 활주로 건설을 위한 모래 채취로 하천의 하상을 저하시켜 용수 등에 영향을 미치고 있다. 폐수 유출에 의한 우물의 오염, 악취, 화재, 소음 등 주변 주민들의 일상생활에 많은 피해를 야기하고 있으며 특히 소음의 경우 야간비행금지청구소송을 제기할 정도다.

오키나와의 경우 미군기지 내의 오염은 기지가 자국으로 반환되는 시점에서 평가되었다. 하지만 이런 상황에서는 어떠한 사건이 어떠한 오염을 일으켰는지 파악하기 어렵다. 오염이 발견된 이후에서야 유일한 효과적 대응책으로 피해자들의 증상에 따라 의료적 조치를 제공할 뿐이었다. 오염에 따른 위험과 손해를 미리 감지해내는 것이 어려웠다. 요코타 공군기지는 미국 자유정보령(US Freedom of Information Act)에 의한 요구로써 기지가 반환되기 전 오염이 발표된 특별한 경우였다.

대중지에 의해 다음과 같은 사실이 알려졌다. 첫 번째, 1999년 9월 30일부터 2006년 5월 10일까지 약 7년의 기간 동안 90번의 오염물 유출이 발생했다. 이중 9번은 주변 지역에 심각한 영향을 끼칠 만한 유출이었다. 오염물 유출 전체 56%를 차지하는 제트연료는 90번 중의 50번의 사고로 이어졌다. 공군기지인 요코타에서는 제트연료와 같은 독성물질이 주위 거주지역에서 사용되었고, 미군은 이러한 유출을 완전히 막아내지 못한 것이다. 두 번째, 요코타에는 미군에 의해 채 발견되지 못한 오염의 문제가 숨어 있다. 필리핀 기지가 반환되었을 때와 같이 독성물질 안전처리가 무시된 결과로, 독성물질의 축적은 주변 지역과 환경에 부정적 결과를 일으킬 수 있다. 반환되는 지역이 계속 사용되는 것 자체를 막을 여지도 있다. 왜냐하면 정보 공개에도 불구하고 기지 오염을 면밀하게 파악하기가 쉽지 않고, 기지 안 환경을 조사하는 제도가 확립되기 전 상태에서의 오염문제 해결이 쉽지 않기 때문이다.

가나가와 현에는 평화조약 발효시 162개소(3,590ha)였지만, 기지반환운동으로 현재 15개소(2,090ha)의 미군기지가 남아 있다. 가나가와 현 전체 면적의 1%에 해당하며 이 중 4개소는 반환예정지이다. 점차 반환예정지가 늘고 있는 상황이며 주민들 역시 이를 간절히 바라고 있다. 기지 대부분이 인구밀집지역에 위치하고 있어

GHQ 미군 선발대, 일본 가나가와 도착

현민 생활에 많은 영향을 끼치고 있기 때문이다.

한편 가나가와 현 서쪽지역은 산림지대이다. 공여구역의 대부분에는 국유지나 민유지도 상당수 존재하며, 민유지에 대해서는 정부가 임대료를 지급하고 있다. 반환될 경우, 안정적인 임대료 확보가 어려워 반환을 반대하는 사람도 있다.

가나가와 현은 미군부대입지에 따른 피해의식이 큰 곳으로, 주민들 대부분의 인식이 부정적이며 주민의식조사 자체가 의미가 없을 정도이다. 미국의 911사태 이후 미군부대 주변에 테러에 대한 위험인식이 확산되고 있다.

오키나와는 이국적인 자연환경과 독특한 문화 및 역사 등으로 인해 수많은 관광객들을 매료시키고 세계적인 리조트지로서의 가능성을 보이고 있으며, 일본 본토뿐만 아니라 대만, 한국 등으로부터 연간 약 508만 명(2003년 기준)의 관광객이 오키나와를 방문하고 있다. 태평양전쟁 후 오키나와는 1951년 샌프란시스코 평화조약의 체결에 의해 미국 통치하에 놓이게 되었고, 그 후 27년간의 미국 통치를 거쳐 1972년 일본에 반환되었다. 일본 국토 면적의 약 0.6%에 불과한 오키나와에는 현재 재일미군 전용시설 면적의 74.7%에 이르는 광대한 면적의 미군기지가 소재하고 있다.

오키나와 미군기지 분포는 다음과 같다. 오키나와를 점유한 미군기지의 면적은 23,681.2ha이며, 이 중 미군전용시설 면적은 23,312.4ha에 달한다. 이들 시설에 주둔하고 있는 미군의 수는 22,339명이고 군관계자 1,503명, 군인 가족 21,512명까지 합하면 모두 45,354명에 이르며, 오키나와에는 미 육군·해군·공군·해병대를 포함하

	2001년	2002년	2003년	2004년	2005년
항공기 관련	8	60	58	53	63
유탄 등	0	2	0	0	0
폐유 등 유출	5	8	3	8	4
화재	5	12	11	7	9
기타(훈련)	2	13	5	4	11
기타 사건·사고	8	8	12	5	6
계	28	103	89	77	93

여 모두 37개 미군 관련 시설들이 소재하고 있다.

오키나와의 사고 사례는 다음과 같다.

- 가데나 비행장 및 후텐마 비행장의 소음으로 인한 지역사회로의 악영향
- 캠프한센연습장에서의 실탄 연습, 산불 등으로 인한 자연환경 파괴
- 2002년 7월, 캠프한센연습장에서 M2 기관총탄의 피탄 사고
- 소환된 미군 온나(恩納) 통신소에서 기준치를 초과한 수은과 PCB 등의 유해물질 검출

Quiet Catastrophe

제4장
우리 평택의 환경문제

1. 평택시 미군기지 주변 환경오염의 역사

　미군은 한국에서 수질, 토양, 대기를 오염시킬 뿐만 아니라, 소음공해로 주위 사람들을 괴롭히고 있다. 평택은 그 대표적인 예다.

　1996년 9월 환경부가 국회에 제출한 국정감사자료를 보면 미군이 쓰다가 철수한 미군기지에서 보통 땅보다 최고 24배나 많은 납이 나왔다. 미군이 기름저장시설로 쓰던 곳은 납뿐만 아니라, 수은, 석면, PCB 같은 중금속으로도 크게 파괴돼 있었다. 그러나 2001년 4월 2일 발효된 개정 한미주둔군지위협정(SOFA)에도 미군은 시설과 구역을 반환할 때 원상회복과 보상 의무가 없는 것으로 명시되어 있다. 미국은 파괴된 땅을 그대로 한국에 넘겨주면 그만이다.

　2001년 3월 22일 경기도가 민간 환경운동단체와 함께 2001년 말까지 경기도 내 미군기지 주둔지역에 대한 환경오염 조사를 벌인 적이 있다. 경기도는 안정리 캠프 험프리(K-6)와 송탄 미 공군기지를 비롯한 14곳에서 기름 유출과 소음, 진동, 폐기물 불법 매립, 오폐수 배출을 비롯해 환경 민원을 중심으로 현지 설문조사를 벌인 뒤 시료를 채취하여 분석했다. 평택시도 '평택의제 21'사업의 일환으로 2001년에 평택 미군기지 문제를 다룬 바 있다.

평택의 신장동에서 당현리와 장등리, 금각리를 지나면 작은 다리가 나온다. '석유다리'다. 그 밑을 흐르는 똘(도랑)은 '석유 똘'이다. 미7공군 사령부는 "이 배수로는 미7공군 사령부에 속한 배수로로서, 농업용수로도 쓸 수 없다"는 팻말을 세워놓았다. 그나마 몇 차례 언론에 보도된 뒤 이 팻말은 사라졌다. 공식적으로는 '금각교'인 이 다리를 주민들이 '석유다리'라고 부르는 까닭은, 미군기지에서 석유가 떠내려왔기 때문이다. 동네 사람들은 석유를 떠다가 등잔불을 켜기도 하고, 장에 내다 팔기도 했다. 똘에 불이 붙은 적도 있는데, 기름이 많이 흘러나오면 '석유다리' 밑까지 타다가 덜 흐르면 불길이 미군기지 철조망 안으로 따라 들어가기도 했다.

평택시가 이 똘을 이따금씩 정비하지만, 역겨운 냄새가 코를 찌르며, 시커멓게 썩은 물이 각종 생활 쓰레기들을 떠안고 서해로 흘러간다. 황구지리 사람들이 멱도 감고 고기도 잡던 곳이지만, 진위천과 황구지천, 오산천은 물론 주변 농경지 20여 ha를 심각하게 오염시키며, 평택호를 지나 서해로 흘러 들어가는 것이다.

맛 좋고 품질 좋다는 평택 특산품 '평택미'도 송탄 미군기지 때문에 그 명성을 잃었다. 어떤 성직자는 신도들이 가져오는 쌀을 신도들 몰래 내다 팔고, 다른 지역 쌀을 사다 먹는다고 고백했을 정도이다. 경기도가 1997년 측정한 바에 따르면 송탄 미 공군기지가 무단 방류하는 오폐수는 수질 기준인 생물학적 산소요구량(BOD) 40ppm의 3배가 넘는 131.6ppm이나 된다. 송탄 미군부대에서 하루에 쓰는 물의 양은 5천 톤이나 되지만, 자체 정화시설로 정화할 수 있는 물은 3천 400여 톤에 지나지 않는다. 그나마 1차로 침전시켰다가 그냥 흘려보내는 1950년대 식이다. '정화'라 해도 1천 600여 톤은 그냥 흘려보내는 셈이다. 〈우리 땅 미군기지 공동대책위원회〉와 〈녹색연합〉이 조사한 바에 따르면, 화학적 산소요구량(COD)은 14.5(기준치 1 이하)나 되고 총 질소는 19.4(기준치 1 이하)나 된다. 부유물질은 144(기준치 15 이하)나 되며, 망간은 0.07(기준치 없음), 아연은 0.02(기준치 없음)나 검출됐다.

평택에 있는 미군기지들도 기름 유출 사고를 많이 낸다. 2000년 7월 22일 송탄 미군기지에서 항공유 약 3천 700갤런(14.7$k\ell$. 70드럼)이 유출됐다. 이 사실은 23일 오후 4시께 한 주민이 기름 냄새가 심하게 난다며 평택시에 신고함으로써 밝혀졌다. 신고를 받은 평택시는 현장조사를 벌여 방류구로 80~90ℓ 가량의 기름이 흘러나온 것을 확인하고, '오일펜스'를 설치하고 흡착포로 기름을 제거했다. 그리고는 주한미군 측에 기름 유출 사실 여부를 물어봤다. 그때 미군 측은 "기지 내 격납고가 침수되면서 정비 기자재에 묻어 있던 기름이 빗물과 함께 오폐수 방류구를 통해 흘러내렸다"고 했다. 물론 거짓말이었다. 평택 시민단체들이 시위를 하는가 하면 계속 문제가 커질 움직임을 보이자, 미 7공군사령부(사령관 데이비드 클래리 준장)는 25일 공식 보도자료를 통해 "22일 8시간 내린 폭우로 기지 내 2기의 지하연료탱크에서 고질의 항공유인 JP-8연료가 유출됐다”고 인정했다.

이런 사고는 2000년 1월 7일에도 있었다. 송탄 미 공군기지 항공유 저장소에서 항공유가 유출되는 것을 초소 근무자가 발견했다. 미군 측은 항공유 송유관에 이상이 생겨 항공유 4백여 리터가 유출된 사실을 확인하고 관로를 차단했다. 미군 관계자는 1주일쯤 지난 13일 오후에야 평택시를 방문해 이 같은 사실을 통보했다. 기름 유출은 미군의 유류 저장 시설뿐만 아니라 주한미군 송유관에서도 자주 발생했다. 다행히도 국방부와 주한미군은 2000년 8월 14일 ‘한미 기술계획협약’을 맺어 경북 포항에서 서울 강남까지 연결되어 있는 주한미군 송유관(TKP. 총 연장 405.3㎞)을 2002년 9월 말까지 폐쇄하기로 합의했다.

그러나 이 혜택도 평택에는 주어지지 않는다. 평택-성남 사이 74㎞ 구간은 송탄 미군기지 급유 문제를 해결하기 위해 당분간 폐쇄하지 않기로 했기 때문이다. 국방부가 1996년 미군 〈튜보스코프 파이프라인 서비스〉한테 주한미군 송유관 전 구간의 부식 상태를 조사해 달라고 용역을 준 적이 있다. 그 결과 보고서를 보면 충북 제천에서 평택 사이 105㎞ 구간에서 120곳, 안정리에서 송탄 사이 19㎞ 구간에서 10곳, 송탄에서 서울 강남 사이 50㎞ 구간에서 84곳의 송유관이 송유관 두께의 20% 이상 부식돼 있는 것으로 나타났다. 특히 송탄에서 서울 강남 쪽으로 19.7㎞ 지점에는 송유관 12㎝가 80%나 부식된 것으로 나타났다.

이렇게 썩은 송유관으로 주한미군과 SK의 기름이 월 평균 104만 배럴(약 80만 드럼) 정도나 흐르고 있다. 송유관은 두께가 6.4~11.7

㎜, 지름이 20~25㎝이며 내구 연한은 30년이다. 주한미군 송유관은 1970년에 설치되었으니까 이미 수명이 다한 것이다. 대형사고로 이어질 수 있다며 서울 강남-의정부 사이 46㎞ 구간은 1993년에 이미 폐쇄한 바 있다. 미군이 갖고 있던 이 송유관의 소유권은 1992년 국방부로 넘어왔다. 송유관을 폐쇄할 경우 미군은 대한송유관공사가 운영하는 남북송유관(SNP)을 이용하게 되기 때문에 아무 문제가 되지 않는다.

송탄 미군기지는 진위천변 2만여 평에 토사와 폐아스콘, 건축폐기물 같은 것을 80년대 중반부터 15년 넘게 불법 매립해왔다. 그 양은 2만 톤이 넘을 것으로 추정된다. 언론보도와 민원이 계속 일자 평택시와 환경부가 여러 차례 공문을 보냈지만, 미군은 보란 듯이 대낮에 불법 행위를 계속했다. 1996년 평택시는 미군부대시설 공사를 하면서 건축 폐기물을 불법으로 매립한 한국 업체를 검찰에 고발했다.

그 뒤로 1999년 6월에도 이 같은 사실을 일부 확인했지만, 미군 관계자에게 잘 처리해 달라고 부탁한 게 고작이었다. 'K-51 시설대' 옆에는 철근 뼈대가 드러날 정도로 부러진 전신주가 즐비하게 땅속에 묻혀 있다. 금각2리 쪽으로도 건축 폐기물이 산처럼 쌓여 있다. 2000년 10월 한 언론이 또 보도하자, 비행단 부단장은 마지못해 "처리하겠다"고 약속했다. 그러나 그뿐이었다. 미군의 이런 불법 행위를 법에 따라 처리하기는 상당히 어렵다. SOFA가 불평등하기 때문이기도 하지만, 미군은 오만할 대로 오만하고 지자체를 비롯한 한국정부의 의지는 약할 대로 약하기 때문이다.

진위천에서 회화리 쪽 둑에 올라서서 미 공군기지를 바라보면, 미군이 불법으로 쌓아 놓은 건축 폐기물 더미를 볼 수 있다. 대부분은 흙으로 위장했지만 그대로 드러나 있는 곳도 있기 때문이다. 좌우로 2㎞나 쌓아 놓은 이 건축 폐기물이 묻혀 있어, 비만 오면 큰 구멍이 뚫릴 정도로 흙이 빨려 들어가기도 한다. 평택시는 고발도 못하고 SOFA 환경분과위원회에 통보할 뿐이다.

송탄 미군기지 정문에서 미군기지 담장을 따라 오른쪽으로 1㎞ 정도 가면 작은 굴다리를 지나 구장터에 닿을 수 있다. 구장터는 말 그대로 옛날 장터라는 뜻이지만, 옛날 장터였다는 말을 믿을 수 없을 정도로 송탄에서 가장 뒤떨어진 동네가 돼 버렸다.

이 마을에는 60여 가구 200여 명의 주민이 살고 있다. 호박이나 오이를 기르는 비닐하우스가 미군기지 담장에 죽 붙어 있고, 항공기 착륙 유도등이 1㎞ 가까이 이어진다.

10년 전만 해도 기지 안에만 있던 유도등은 어느 날부턴가 기지 밖까지 이어졌다. 그러자 밤에도 동네가 환해지는 바람에 북극에서 볼 수 있다는 '백야' 현상이 나타났다. 이런 현상은 활주로 반대편 끝 황구지리 쪽 논에도 나타났다. 농작물조차 밤잠을 설쳐 소출도 다른 곳에 비해 20~30%는 적다.

미군 비행기는 짧게는 2, 3분 간격으로 지붕 바로 위로 스치듯 뜨고 내린다. 이때 나는 폭음과 폭풍 그리고 내려앉은 비행기가 공회전하면서 내는 굉음과 엄청난 배기가스 때문에 구장터 주민들은 평택에서 가장 심한 고통을 당하고 있다.

낮이고 밤이고 가리지 않고 뜨고 내리는 대형 비행기들이 내는 굉음은 구장터만이 아니라 송탄 전체를 뒤흔들어 놓는다. 1, 2분에서 4, 5분까지 아파트가 흔들릴 정도로 요란한 굉음을 내는 미군 비행기는 심하면 밤 12시까지도 뜨고 내린다. 사람들은 주위 환경에 쉽게 적응해가며 사는 탓인지 이곳에 오래 사는 사람들은 별로 느끼지도 못한다.

물론 TV를 제대로 볼 수 없었고, 전화 통화도 제대로 할 수 없고, 목소리도 높아지고, 신경도 날카로워지지만, 구장터 주민들이 집단으로 종합건강진단을 받아본 적은 없다. 그러나 신경쇠약이나 노이로제, 불면증을 호소하는 이들이 많다. 송탄 미군기지에는 소형 전투기들부터 시작해 정찰기, 매향리까지 날아가 폭탄을 쏟아붓고 돌아오는 A-10이나 F-16폭격기, 각종 헬기와 수송기, 심지어 여객기까지 뜨고 내린다.

조종사나 비행기에 따라 높낮이가 약간씩 다르지만, 하도 시끄러워 못 참겠다던 동네 사람들이 비닐하우스 쇠파이프를 장대처럼 세워 비행기 고도를 높인 적도 있다. 1996년 〈우리 땅 미군기지 되찾기 공동대책위원회〉와 〈녹색연합〉이 조사한 바에 따르면 송탄 미군기지 주변의 최고 소음이 가장 높은 96dB로 나타났다. 대구 A-3 비행장 주변 지역의 최고 소음도는 87.4dB, 의정부 78.4dB, 춘천 82.0dB, 인천 68.8dB, 군산 94.1dB, 부산 78.4dB이었다. 일반 주거 지역의 소음도 환경 기준치는 주간의 경우 50~55dB, 야간은 40~45dB이며, 도로의 경우 주간은 65dB, 야간은 55dB이다. 소음도가 85dB 이상이면 심장 기능 장애와 청력 장애, 평행력 교란, 두통 증세 같은 현상이 나타날 수 있다. 구장터에서 진위천 둑으로 올라서면 둑 아래 낚시하는 사람도 만날 수 있다. 오른쪽으로 2㎞만 가면 상수원 보호구역이다. 그곳은 1급수로 물이 정말 깨끗하다. 그러나 왼쪽으로 100m만 가면 또 하나의 미군 배수구가 있다. 코를 찌르는 오폐수는 진위천으로 그대로 쏟아져 내린다. 이 배수구는 황구지리 석유 똘과는 달리 이따금씩 바짝 마르기도 한다. 언론에 몇 차례 보도가 되고, 다른 언론도 취재하러 몰려오고 해서 곤란해질 것을 걱정하는 미군들이 무슨 수를 쓰는 모양이다. 냇물처럼 콸콸 쏟아지던 오폐수가 어떻게 며칠에서 몇 달씩 한 방울도 안 내려올 수 있는지 모를 일이다.

2. 나는 다시 시작했다

평택 시민의 환경 개선을 위해

2011년 12월 9일 경기일보 24면에서는 열린 시정 질문을 통해 "음식물도 쓰레기"라며 "오는 2016년 이후 생활쓰레기 처리대책이 무엇보다 필요하다"며 대책마련을 시에 요구했던 사건을 다루었다. 나는 거기서 2013년부터 시행되는 음식물쓰레기 폐수의 해양투기 전면 금지를 앞두고, 대책 마련을 요구했던 적이 있다. 이에 기사는 다음과 같이 적혀 있다.

음식물 쓰레기 대책마련 요구

임승근 평택시의원

임승근 평택시의원은 최근 열린 시정 질문을 통해 "음식물도 쓰레기"라며 "오는 2016년 이후 생활쓰레기 처리대책이 무엇보다 필요하다"며 대책마련을 시에 요구했다.

임 의원은 오는 2013년부터 시행되는 음식물쓰레기 폐수의 해양투기를 전면 금지를 앞두고 있어 대책 마련을 요구했다.

임 의원은 또 추가 질의를 통해 "음식물을 효율적으로 처리하는 정책과 발생량을 감소시키는 정책을 동시에 추진해야 한다"며 "시에서 발생되는 음식물을 어떻게 수거해 처리되는지와 발생을 억제하는 정책"에 대해 질의했다.

이에 대해 손종천 시 산업환경국장은 "시에서 연간 발생되는 음식물쓰레기는 4만 5천여t에 달한다"며 "오는 2016년 이전에 매립지 추가 확보를 위해서 수도권매립지공사와 지속적인 협의를 진행 중에 있으며, 자체처리시설 확보를 위해 내년 6월 이전에 에코센터 폐기물처리시설 기본설계안이 제출될 계획으로 2016년 이전에 건립될 수 있도록 행정력을 총 동원할 계획"이라고 말했다.

/평택 = 오원석 기자 ows@

〈경기일보〉

임 의원은 또 추가 질의를 통해 "음식물을 효율적으로 처리하는 정책과 발생량을 감소시키는 정책을 동시에 추진해야 한다"며 "시에서 발생되는 음식물을 어떻게 수거해 처리되는지와 발생을 억제하는 정책"에 대해 질의했다.

소리 없는 대재앙, 우리 국토가 오염되어 가고 있다

2012년 7월 21일에는 시정 질문을 통해 평택 에코센터 건립의 조속한 추진을 요구했다.

평택시가 향후 안정적인 생활 폐기물을 처리할 계획으로 추진 중인 '에코센터' 조성사업이 답보 상태를 벗어나지 못한 채 표류 중에 있다고 생각했다. 그래서 나는 제151회 제1차 정례회 시정 질문을 통해 이 같은 사실을 분명히 했다. 다음은 이 상황을 다룬 박희범 기자의 기사문이다.

정례회 과정에서 임 의원은 "내년부터 음식물쓰레기의 해양 투기가 전면 금지되고, 2016년부터 수도권매립지마저 폐쇄될 예정이어서 안정적인 생활 폐기물 처리대책이 무엇보다 시급한 상황이다"면서 "본 의원은 절박한 문제의식을 가지고 평택 에코센터 추진에 관해 몇 가지 우려를 표명하면서 질문을 하겠다"고 말했다.

현재 에코센터 조성사업에 대해 임 의원은 '제3자 공고'도 못한 상태인 것은 물론, 제3자 공고를 위한 민간투자사업 제안 요청서(RFP)마저 외주기관에 발주하지 못했다고 지적했다.

임 의원은 "이런 상태라면 4년 후 평택은 생활 폐기물로 악취가 나고, 무단으로 투기된 쓰레기가 길거리를 메울지도 모른다"며 "최악의 결과가 나오지 않도록 평택시는 모든 행정력을 총동원해 에코센터 조성사업이 원활하게 추진될 수 있게 해야 한다"고 집행부를 질타했다.

이와 관련, 임승근 의원은 지난 제146회 제2차 정례회에서 폐플라스틱고형연료(RPF) 비성형 방식뿐만 아니라 다양한 방식으로 추진이 가능하도록 집행부에 요구하기도 했다.

임 의원은 특히 "평택시는 빠른 협의 및 지침 작성을 주도할 수 있는 용역(RFP)에 착수해야 한다"면서 "또한 단일 사업자가 이 사업을 좌지우지하지 못하고, 공정한 경쟁 방식으로 추진될 수 있게 폐기물 처리방식을 모두 수용해야 할 것"이라고 주장했다.

시는 임 의원의 시정 질문에 대해 "올 8월 말까지 환경부와 국비 지원 협의가 완료될 경우 같은 해 9월 기획재정부 중앙민투심의를 의뢰할 예정"이라며 "이럴 경우 2012년 12월 중 제3자 공고가 가능할 것으로 예상된다"고 답했다.

시는 또한 "에코센터 조성사업이 환경부의 국비 확보 없이 민간투자사업(BTO) 절차 진행은 물론이고 사업 추진 자체가 불가능하다"고 밝혔다.

폐기물 처리방식 오픈에 대해 시는 "폐기물 처리방식을 오픈할 수 있는 시점은 사업계획을 수립하는 최초의 시점에만 가능한 부분"이라며 "사업계획을 수립한 후 민간 제안까지 받아 적격성 조사를 완료한 사항에서 폐기물 처리방식을 오픈할 수는 없다"고 입장을 전했다.

이 밖에 에코센터 조성사업에 대해 임 의원은 '경제성을 떨어뜨리고,

임승근 "에코센터 지연 땐 쓰레기 대란"
양경석 "토지수용주민 이주택지 필요"

평택시의회 정례회서 송곳질의

평택시의회 제151회 정례회 마지막날인 12일 지지부진하게 추진되고 있는 평택에코센터건립사업과 진위 제2산단 지원문제에 대해 의원들의 송곳 질의가 이어졌다.

첫 포문은 임승근 의원이 열었다. 임 의원은 오는 2016년 수도권 매립지 폐쇄에 대비해 생활 폐기물을 처리하기 위해서는 평택에코센터건립사업을 시급히 추진해야 한다고 주장했다.

그는 "지난 146회 정례회의때도 쓰레기 폐기물정책에 대해 질의했지만, 지금까지 제대로 된 대책을 내놓지 못하고 있다"며 "자칫 4년후에는 폐기물처리 비용 상승에 따른 무단투기 등으로 쓰레기 대란이 일어날 수 있다"고 집행부를 질책했다.

또 "오는 2016년까지 에코센터 건립사업이 원활하게 추진될 수 있도록 모든 행정력을 동원해야 할 것"이라고 강조했다.

양경석 의원은 지역 현안사업인 진위 제2산단에 대해 질의를 이어갔다.

양 의원은 진위 제2산단 토지수용농민의 지원대책과 인구유입에 따른 주변 택지공급계획, 도로망 구축계획에 대해 집중 추궁했다.

/윤경모기자 kmyun@joongboo
신정훈기자 gs5654@
〈중부일보〉

■ 중부일보 2012년 7월 13일자 관련 기사

소리 없는 대재앙, 우리 국토가 오염되어 가고 있다

차폐에 따른 효과도 미비할 것으로 예상되는 시설지하화'에 부정적인
견해를 보였다.

한편, 시는 에코센터 설치를 위해 지난 2007년 H사와 양해각서를 체
결했으며 13만 2천600㎡ 부지에 하수처리시설 4만 1천㎡, 폐기물자원
화시설 5만 4천500㎡, 종합장사시설 3만 7천㎡를 지하화하는 계획을
수립한 바 있다.

존경하는 이희태 의장님과 선배·동료 의원 여러분!

그리고 '시민 모두가 행복한 인류 문화 도시 평택'을 위해 온 행정력을 집중하여 시정을 펼치시는 김선기 시장님과 집행부 공무원 여러분!

또한 방청석에 계신 언론인과 시민 여러분!

안녕하십니까? 임승근 의원입니다.

먼저 발언에 앞서 최근 기후변화 및 지구온난화 등으로 인한 환경재앙이 발생하여 지구가 심한 몸살을 겪고 있는 것은 여기 계신 분들 모두가 잘 알고 계실 것입니다.

환경을 보호하고 보전해야 하는 것은 어떤 가치와도 바꿀 수 없는 아주 중요한 문제입니다. 이 땅, 이 하나뿐인 지구는 지금 현세대만의 것이 아니라 바로 후손들에게 물려줄 재산이기 때문입니다!

오늘 본 의원이 이 자리에서 발언하고자 하는 것은, 미군부대 내에서 국내법 적용이 어려운 점을 이용하여, 과거 수십 년간 CCK, FED 공사 중 발생한 폐콘크리트 및 오염된 토사 등 건설 폐기물들을 임시 폐기물장을 만들어 불법 매립해오고 있다는 사실입니다.

미군부대 안에서 발생하는 음식물쓰레기 등은 정상적인 방법으로 국내 처리업체를 통해 처리하고 있었으나 위 폐콘크리트 및 오염된 토사들은 그 처리 비용이 고가이므로, 그 비용을 절감하고자 송탄 미군부대 내 CCK, FED 공사감독관 묵인 아래 수십 년간 불법 매립을 자행하고 있습니다. 때마침 올 초부터 시공 중인 송탄 미 공군부대 제2활주로 공사 과정에서 과거 미군부대 공사업체들이 무단으로 불법 매립한 폐콘크리트와 기름, 석면, 원인을 알 수 없는 쩔어 붙은 오염된 토사들이 다량으로 발견되었습니다.

공사 중 발견된 폐기물은 환경부 지침인 『건설공사 중 발견된 과거 매립폐기물의 분류 및 처리지침』에 의거, 폐기물의 성상별, 종류별로 분리하여 콘크리트는 건설 폐기물로 처리해야 하고, 콘크리트 가루 및 기름, 석면으로 오염된 토사는 폐토사로 분리하여 정상적인 절차를 거쳐야 하는 것으로 알고 있습니다.

그러나 본 공사현장에서 나온 약 20만 톤 이상(25톤 덤프트럭 약 8,000대 분량)의 폐기물들은 당초 미군기지 제2활주로 공사 설계에는 폐기물 처리비로 잡혀 있지 않아서, 위 폐기물들을 대충 걸러서 폐콘크리트는 건설 폐기물로 처리하고, 나머지 폐토사를 정상적인 토사로 일부는 반출했고, 현재 부대 내에 남아 있는 나머지 폐토사도 외부로 반출할 계획으로 알고 있습니다.

반출되었던 지역이 다름 아닌 송탄 상수도 보호구역 인근으로 유입되는 곳으로, 송탄 정수장에서 1일 15,000톤의 수돗물을 생산하여 송탄 지역 시민들이 식수로 사용하고 있으며, 2007년부터 평택시에서는 '평택의 물'이라는 상호로 페트병에 넣어 1년간 365,000병을 평택 시민들의 단체행사 및 필요한 곳에 무상으로 공급하고 있는 것을 시장님과 의원님들을 비롯하여 시민 여러분들은 알고 있을 것입니다.

이렇게 오염원이 상류 및 가까운 곳에 매립되어 있는 것에 대해 시민들은 어떻게 생각하고 있다고 생각하십니까?

또한 올 3~5월까지 우리 평택시의 젖줄인 상수도 보호구역에 인접한 평택시 진위면 은산리를 포함하여 마산리 일대, 도일동 일대 등 관내 6곳에 수만 톤 이상의 오염된 토사들이 이미 불법으로 매립된 후 원상복구하지 않은 것으로 파악되고 있습니다.

얼마 전 인천일보 9월 7일자 기사에서 폐콘크리트와 폐토석 27

진위면 마산리 ○○번지 일대 일원 폐토

만 톤이 화성, 평택 백봉리 일원, 오산 일대 농지에 양질의 토사로 속여 불법으로 매립하다 적발된 사건도 보도된 바 있습니다(참고로 이 양은 25톤 덤프트럭 1만 860대 분량이나 됩니다).

왜 깨끗하고 풍요로운 우리 평택시가 각종 폐기물 불법 매립으로 몸살을 앓아야 합니까? 왜 우리가 그 오염된 땅에서 기른 농작물과 지하수를 먹고 살아야 합니까?

존경하는 김선기 시장님! 그리고 집행부 공직자 여러분.

평택시의 미래 비전의 하나인 농촌과 도시가 개발과 환경보전이 조화된 광역도시로 발전해 나가기 위해 총력을 기울여주심에 진심으로 감사하다는 말씀을 드리오나, 과거에 불법 매립한 각종 폐기물에 대해서는 파악이 어려울 것이라는 것도 본 의원은 충분히 이해합니다.

그러나 미군부대 이전, 개발 사업 등 어떠한 계기로 인하여 불법 매립된 폐기물들이 발견되었을 때는 폐기물관리법 등 관련 법령에 따라 적법하게 처리되어야 환경이 보호·보전된 진정한 시민 모두가 행복할 수 있는 인류 문화 도시 평택이 만들어진다고 봅니다.

따라서 집행부는 환경관리부서의 기능 강화 및 상시 모니터링 체계 구축 등 행정력을 발휘하셔서 미군부대 내 불법으로 매립된 폐기물 종류, 양 등의 정확한 실체 파악과 또 부대 밖으로 불법 반출 처리 방지는 물론, 위 폐기물들이 적정하고 안전하게 처리·관리될 수 있도록 당부 드리면서 5분 발언을 마치겠습니다.

경청해 주셔서 대단히 감사합니다.

5분 발언하는 필자의 모습

　　이 5분 발언으로 인해 각종 언론들은 다시금 평택시 환경문제
에 관심을 가지게 되었다. 아시아뉴스통신의 이석구 기자의 기사
내용은 다음과 같다.

미군부대 공사 중 발견된 폐기물, 평택 일대 '불법 매립'

2012년 9월 17일 임승근 평택시의회 부의장 '제152회 임시회' 5분 발
언 통해 '밝혀'

임승근 경기 평택시의회 부의장이 17일 제152회 평택시의회 임시회
마지막 날 5분 발언에서 미군부대(K-55) 공사 중 발생한 오염된 폐토
사 등이 송탄 상수원 부근과 평택시 일원에 불법으로 매립되고 있다
고 밝혀 충격을 주고 있다. 임승근 부의장은 "올 초부터 시공 중인 송

탄 미 공군부대 제2활주로 공사 과정에서 과거 미군부대 공사업체들이 무단으로 불법 매립한 폐콘크리트와 기름, 석면과 원인을 알 수 없는 쩔어 붙은 오염된 토사들이 다량으로 발견됐다”고 밝혔다. 임 부의장은 “이 현장에서 나온 약 20만t 이상(25t 덤프트럭 약 8,000대 분량)의 폐기물들은 당초 미군기지 제2활주로 공사 설계에는 폐기물 처리비로 잡혀 있지 않아서 폐기물들을 대충 걸러서, 폐콘크리트는 건설 폐기물로 처리하고, 나머지 폐토사를 정상적인 토사로 일부는 반출했고, 현재 남아 있는 폐토사도 반출할 계획에 있다”고 주장했다.

이번 매립은 올 3월부터 5월까지 우리 평택시의 젖줄인 상수도 보호구역에 인접한 평택시 진위면 은산리를 포함한 마산리 일대 등 지역 내 6곳에 수만t 이상의 오염된 토사들이 이미 불법으로 매립됐고 복구되지 않는 것으로 임승근 부의장은 파악했다.

임승근 부의장은 “공사 중 발견된 폐기물은 환경부 지침인 건설공사 중 발견된 과거 매립 폐기물의 분류 및 처리지침에 의거, 폐기물의 성상별, 종류별로 분리해 폐콘크리트는 건설 폐기물로 처리해야 한다”며 “콘크리트 가루 및 기름, 석면으로 오염된 토사는 폐토사로 분리해 정상적인 절차를 거쳐야 하는 것으로 알고 있다”고 말했다. 이어 임승근 부의장은 “오염된 토사 등은 처리 비용이 고가이기 때문에 비용을 절감하기 위해 수십 년간 불법 매립을 자행하고 있는 것이 현실”이라고 대책 마련을 촉구했다.

따라서 ‘미군부대 공사장 건설 폐기물 불법 매립’에 대한 평택시 현지 실태조사를 진행하기로 평택시의회는 결정하였다. 미군부

"미군부대 공사 중 발생 오염토사 수만톤
송탄 상수원보호구역 인근에 불법 매립"

임승근 평택시부의장 주장

송탄 미군부대(K-55) 공사 중 발생한 폐 토사 수만t이 부대 인근에 불법 매립됐다는 주장이 제기됐다.

임승근 평택시의회 부의장은 17일 제152회 평택시의회 임시회 5분발언을 통해 "미군부대 공사 중 발생한 오염된 폐 토사가 송탄 상수원보호구역 인근에 불법으로 매립된 사실이 송탄미군부대 제2활주로 공사과정에서 발견됐다"고 주장했다.

임 부의장은 "공사 중 발견된 폐기물은 환경부의 '건설공사 중 발견된 과거 매립폐기물의 분류 및 처리지침'에 의거 성상별, 종류별로 분리해 정상적인 절차를 거쳐 처리해야 한다"며 "현장에서 나온 약 20만t이상(25t 덤프트럭 약 8천대 분량)의 폐기물들은 당초 미군기지 제2활주로 공사설계에 폐기물 처리비가 잡혀 있지 않아 폐기물들을 대충 걸러서 폐콘크리트는 건설 폐기물로, 나머지 폐토사 일부는 정상적인 토사로 반출했다"고 말했다.

특히 그는 "올해 3월부터 5월까지 반출된 지역은 다름 아닌 평택시의 젖줄인 상수도보호구역에 인접한 마산리 671일대 등 6곳"이라며 "이곳에는 수만t 이상의 오염된 토사들이 불법으로 매립된 채 방치되고 있는 것으로 파악된다"고 강조했다.

그는 이어 "고가의 처리 비용을 절감하기 위해 송탄미군(K-55)내 OCK, FED(미8군에서 발주한 공사)공사감독관 묵인 아래 수십 년간 불법 매립을 자행하고 있는 것이 사실로 드러났다"고 덧붙였다.

임승근 부의장은 "미군부대 공사과정에서 국내법 적용이 어려운 점을 이용, 폐 토사 불법 매립이 이뤄졌을 가능성이 크다"며 평택시의 정확한 실태 파악과 대책 마련을 요구했다.

/평택 = 오원석기자 ows@
〈경기신문〉

■ 경기신문 2012년 9월 18일자 기사

미군부대 폐기물 수만t 평택 상수원 인근 불법매립

/윤경모기자 kmyun@joongboo
신정훈기자 gs5654@
〈중부일보〉

**"송탄상수원보호구역 안근 은산리 등 6곳에 폐토사 묻어"
임승근 시의원 "대책 마련 시급"**

미군부대 공사 중 발생한 폐기물 수만t이 평택지역 곳곳에 불법 매립된 사실이 밝혀져 충격을 주고 있다.

특히 불법 매립된 일부 장소는 상수원보호구역과 인접한 곳으로 드러나 시급한 대책마련이 필요한 것으로 나타났다.

평택시의회 임승근 의원은 17일 오전 제 152회 평택시의회 임시회 5분 발언에서 "미군부대(k-55) 공사 중 발생한 폐토사 등이 송탄상수원부근과 평택시 일원에 불법으로 매립되고 있다"며 시에 대책마련을 촉구했다.

이날 임 의원은 "공사 현장에서 발생한 20만t이상 (25t 덤프트럭 약 8천대 분량)의 폐기물들은 당초 미군기지 제2활주로 공사설계에서 폐기물 처리비가 포함되지 않았다"며 "이 때문에 공사업체들은 폐콘크리트는 건설 폐기물로 처리하고 폐토사 일부를 반출했다"고 주장했다.

임 의원은 "일부 불법 매립된 장소는 평택시의 젖줄인 송탄상수원 보호구역과 인접한 진위면 은산리를 포함해 마산리 일대 등 6곳에 수만t 이상의오염된 토사들이 매립된 것으로 파악됐다"고 강조했다.

그는 또 "오염된 토사 등은 처리비용이 고가이기 때문에 비용을 절감하기 위해 수십 년간 불법 매립을 자행하고 있는 것이 현실"이라며 대책마련을 촉구했다.

한편, 현재 밝혀진 불법매립지는 고덕면 좌교리, 고덕면 동고리, 도일동, 진위면 은산리 일대, 독곡동 일대, 마산리 일대 등 6곳이다.

■ 중부일보 2012년 9월 18일자 기사

대(K-55) 내 공사장에 건설 폐기물이 불법 매립됐다는 나의 폭로와 관련해 평택시가 긴급 현지 실태조사를 추진하기로 결정한 것이다.

여기에 대해 2012년 9월 20일 경향신문에는 다음과 같은 기사가 실렸다.

"미군부대 공사 폐기물 수만t 상수원 보호구역에 불법 매립"

실태조사 미군 측 거부로 무산

경기 평택시의 미군부대(K-55)가 활주로 공사 중 발생한 폐콘크리트와 폐 토사 등 폐기물 수만t을 상수원 보호구역과 평택시 일원에 불법 매립했다는 주장이 제기됐다.

평택시는 긴급 대책회의를 열고 실태조사에 착수했다. 평택시의회는 불법 매립과 관련, 미군부대 실태조사에 착수하려 했으나 미군 측의 거부로 무산됐다. 평택시의회 임승근 부의장은 19일 "올해 초부터 진행 중인 K-55 내 제2활주로 공사현장에서 과거 수십 년 전에 불법 매립됐던 폐콘크리트와 기름, 석면과 폐토사가 다량 발견됐다"며 "이 폐기물의 상당량이 부대 밖으로 반출돼 다시 불법 매립됐다"고 밝혔다. 공사 현장에서 발견된 폐기물은 25t 덤프트럭 8,000여 대 분량인 20만여t으로 추정되고 있다.

경향신문 2012년 09월 20일 (목) 15A면 지역

"미군부대 공사 폐기물 수만t 상수원보호구역에 불법매립"

실태조사 미군 측 거부로 무산

경기 평택시의 미군부대(K-55)가 활주로 공사 중 발생한 폐콘크리트와 폐토사 등 폐기물 수만t을 상수원보호구역과 평택시 일원에 불법매립했다는 주장이 제기됐다.

평택시는 긴급 대책회의를 열고 실태조사에 착수했다. 평택시의회는 불법매립과 관련, 미군부대 실태조사에 착수하려 했으나 미군 측의 거부로 무산됐다. 평택시의회 임승근 부의장은 19일 "올해 초부터 진행 중인 K-55 내 제2활주로 공사 현장에서 과거 수십년 전에 불법매립됐던 폐콘크리트와 기름, 석면과 폐토사가 다량 발견됐다"며 "이 폐기물의 상당량이 부대 밖으로 반출돼 다시 불법매립됐다"고 밝혔다.

공사 현장에서 발견된 폐기물은 25t 덤프트럭 8000여대 분량인 20만여t으로 추정되고 있다. 공사장에서 발견된 폐기물은 이미 상당량이 부대 밖으로 반출돼 평택 지역 여러 곳에 불법매립된 것으로 드러났다.

임 부의장이 확인한 불법매립지는 고덕면 좌교리와 동고리·도일동, 진위면 은산리·마산리·독곡동 등 6곳에 이른다. 특히 송탄 상수원보호구역에도 상당량이 불법매립된 채 방치되고 있어 상수원 수질오염 우려가 높아지고 있다. 임 부의장은 "최근 시의회 차원에서 공사 현장을 방문해 실태조사를 벌일 계획이었으나 미군 측의 거부로 무산됐다"면서 "문제가 되자 미군 측은 '공사 주체는 국방부'라며 자신들의 잘못이 아니라고 책임 떠넘기기를 하고 있다"고 지적했다.

임 부의장은 "공사설계상에 폐기물 처리비가 책정돼 있지 않다"며 "폐콘크리트는 건설 폐기물로 처리되고, 폐토사 대부분은 정상적인 토사로 분류돼 반출된 것으로 보인다"고 말했다. 그는 "미군부대는 미국땅이라 공사 과정에서 국내법 적용이 어려운 점을 악용해 불법매립이 이뤄졌을 것"이라며 "처리 비용을 절감하기 위해 K-55 내 공사 현장 감독관들의 묵인 아래 수십년간 불법매립이 자행된 것으로 판단된다"고 말했다.

한편 평택시는 불법매립된 토사를 채취, 전문기관에 검사를 의뢰하는 한편 공사 관련 업체들을 상대로 건설 폐기물 불법매립 여부 등을 조사하기로 했다.

/최인진 기자 ijchoi@kyunghyang

〈경향신문〉

공사장에서 발견된 폐기물은 이미 상당량이 부대 밖으로 반출돼 평택 지역 여러 곳에 불법 매립된 것으로 드러났다. 임 부의장이 확인한 불법 매립지는 고덕면 좌교리와 동고리·도일동, 진위면 은산리·마산리·독곡동 등 6곳에 이른다. 특히 송탄 상수원 보호구역에도 상당량이 불법 매립된 채 방치되고 있어 상수원 수질 오염 우려가 높아지고 있다. 임 부의장은 "최근 시의회 차원에서 공사 현장을 방문해 실태조사를 벌일 계획이었으나 미군 측의 거부로 무산됐다"면서 "문제가 되자 미군 측은 '공사 주체는 국방부'라며 자신들의 잘못이 아니라고 책임 떠넘기기를 하고 있다"고 지적했다.

임 부의장은 "공사 설계상에 폐기물 처리비가 책정되어 있지 않다"며 "폐콘크리트는 건설 폐기물로 처리되고, 폐토사 대부분은 정상적인 토사로 분류돼 반출된 것으로 보인다"고 말했다. 그는 "미군부대는 미국 땅이라 공사 과정에서 국내법 적용이 어려운 점을 악용해 불법 매립이 이뤄졌을 것"이라며 "처리 비용을 절감하기 위해 K-55 내 공사 현장 감독관들의 묵인 아래 수십 년간 불법 매립이 자행된 것으로 판단된다"고 말했다.

한편 평택시는 불법 매립된 토사를 채취, 전문기관에 검사를 의뢰하는 한편 공사 관련 업체들을 상대로 건설 폐기물 불법 매립 여부 등을 조사하기로 했다.[18]

---

18 http://news.khan.co.kr/kh_news/khan_art_view.html?artid=201209192246485
&code=950201

경기신문

〈속보〉송탄 미군부대(K-55) 공사 중 발생한 폐 토사 수만이 부대 인근에 불법 매립됐다는

평택시, 긴급 대책회의 토양·오염 검사… 위법사항 적발시 강력 대응

임승근 평택시의회 부의장의 주장(본보 18일자 1면 보도)이 나오자 평택시가 18일 관련 긴급 대책회의를 갖고 실태 조사에 나섰다.

시는 불법 건설 폐기물 진위면 마산리 등 6곳의 매립지역에 대한 토사를 채취해 오염도 검사를 의뢰하고 관련업체를 조사해 건설 폐기물 불법매립 여부 등을 조사할 계획이다. 위법사항이 적발될 경우 사법 당국에 고발하는 등 강력히 대응할 방침이다.

또한 임승근 부의장은 시의회 차원에서 빠른 시일 내에 미군부대 현장 방문을 추진하기로 했다.

손종천 산업환경국장은 "최근 들어 화성시 주상복합신축 공사장 폐기물을 평택지역에 불법 매립하는 등 각종 공사장에서 발생하는 건설 폐기물을 불법으로 매립하는 사례가 빈발하고 있다"며 "환경오염에 대한 심각한 인식을 갖고 불량토사가 농지에 성토되지 않도록 철저한 지도단속과 시민들의 각별한 주의가 필요하다"고 당부했다.

한편 임승근 평택시의회 부의장은 지난 17일 제152회 평택시의회 임시회 5분발언을 통해 미군부대 공사 과정 중 발생한 오염된 토사가 평택시 상수도 보호구역 인근에 불법으로 매립됐다고 주장하며 시의 정확한 실태파악과 대책마련을 요구한 바 있다.

/평택 = 오원석 기자 ows@

2012년 09월 19일 (수)
8면 경기
〈경기신문〉

인천일보

2012년 09월 19일 (수)
02(경기판)면 종합

미군부대 폐토사 불법매립 강력조치

평택시, 긴급 대책회의 … 오염도 검사의뢰

미군부대(K-55) 내 공사장에서 발생한 폐토사를 '불법 매립했다'는 본보 보도(2012년 9월 18일자 1면)와 관련, 평택시가 대책마련에 나섰다.

시는 지난 17일 제152회 시의회 본회의 시 '미군부대(K-55) 내 공사장에서 발생한 폐토사 등이 평택시 일원에 불법 매립되고 있다'는 주장과 관련, 같은 날 산업환경국장, 자원환경위생과장, 출장소 환경관리부서 과장 및 담당팀장들이 참석하는 긴급 대책회의를 가졌다고 18일 밝혔다.

이에 따라 시는 관련 업체를 조사해 건설 폐기물 불법 매립 여부 등을 조사할 계획이며, 불법 건설 폐기물 매립지역에 대한 토사를 채취, 오염도 검사의뢰 등을 통해 위법사항이 발견될 경우 강력 조치할 예정이다.

손종천 산업환경국장은 "최근 들어 화성시 주상복합신축 공사장 폐기물이 평택지역에 불법 매립되는 등 각종 공사장에서 발생하는 건설 폐기물을 불법으로 매립하는 사례가 빈발하고 있다"며 "환경오염에 대한 심각한 인식을 갖고 불량토사가 농지에 성토되지 않도록 철저하게 지도 단속해 나가겠다"고 밝혔다.

/평택 = 김형수기자 odokim@
〈인천일보〉

현대일보

2012년 09월 19일 (수)
15면 사회

평택 '미군부대 폐토사 불법매립' 대책회의

평택시는 지난 17일 제152회 평택시의회 본회의시 '미군부대(K-55) 내 공사장에서 발생한 건설 폐기물 중 폐토사 등이 평택시 일원에 불법으로 매립되고 있다'는 내용과 관련 당일 오후 5시 산업환경국장, 자원환경위생과장 등 출장소 환경관리부서 과장 및 담당팀장들과 긴급 대책 회의를 가졌다.

시는 불법 건설 폐기물 매립지역에 대한 토사를 채취하여 오염도 검사의뢰 및 관련업체를 조사하여 건설 폐기물 불법매립 여부 등을 조사할 계획이며, 위법사항이 발견될 경우 강력조치 할 예정이다.

이에 산업환경국장은 최근 들어 화성시 주상복합신축 공사장 폐기물의 우리시 지역에 불법 매립하는 등 각종 공사장에서 발생하는 건설 폐기물을 불법으로 매립하는 사례가 빈발하고 있으므로, 환경오염에 대한 심각한 인식을 갖고 불량토사가 농지에 성토되지 않도록 철저한 지도단속과 시민들의 각별한 주의를 당부했다.

/평택 = 한상우 기자 hsw@
〈현대일보〉

2012년 9월 20일 결국 언론에서는 미군부대 내 건설 폐기물 오염토사 매립을 재확인하게 되었다. 이희태 의장과 나는 국방부 시설본부 관계자와 긴급회의를 하게 되었다.

이날 우리는 의회 차원의 조사와 더불어 부대 내에 불법 매립된

(평택=연합뉴스) 경기도 평택시는 미군 공군기지 조성공사에서 반출된 오염된 폐토사가 불법 매립됐다는 주장과 관련, 25일 고덕면과 진위면 등 5곳에서 굴착기를 동원해 시료채취에 나섰다. 시는 이날 오전 고덕면 좌교·동고리와 도일동, 독곡동, 진위면 마산리 등을 돌며 굴착기로 땅을 파고 시료를 채취했다. 2012. 9. 25. jongsk@yna.co.kr

■ 평택시 미군기지 폐토사 불법 매립 의혹 시료 채취에 대한 연합뉴스의 보도

폐기물 처리 계획 및 반출된 토사에 대한 처리 계획 일정을 잡아 알려줄 것을 강력하게 주장했다.

그날 회의에서 평택시의회는 26일 미군기지 폐기물 불법 매립 의혹 규명을 위한 조사특위를 구성하기로 하였다. 또한 국방부는 평택시와 공동조사를 하기로 약속하였고, 평택시와 시의회, 국방부, 시공사가 참여해 공동조사에 착수하기로 하였다. 시의회를 중심으로 하는 조사특위는 2013년 1월 31일까지 활동하기로 하였다. 주한미군 관리사업 이전사업단 사업관리부장 국방부 권태환 준장은 24일 평택 미군기지 확장공사 현장을 방문한 평택시의회 의원 15명과 대화를 나누었고, 거기에서 그는 "표토 제거를 비롯한 가옥

철거, 임목 폐기물 등을 반출하면서 신고한 양이 발생 폐기물 양과 맞는지의 여부에 대해서도 조사를 벌이고 잘못이 드러나면 원상복구 등의 적법한 조치를 취하겠다"며 "재발 방지를 위해 지속적인 관리를 해나가겠다"고 말했다. 또한 "시공사인 SK건설에서 적법하게 폐기물을 처리했고, 폐기물처리 송장도 보관하고 있다고 주장하고 있지만 시민들이 불안해 하는 만큼 명확히 규명해 나가겠다"고 덧붙였다.

또한 22일 주한미군기지 이전부지 조성사업과 관련해 토사운반업체로 공사에 참여했던 A토건 송 모(54) 전 이사가 미군부대 공사 중 발생한 폐기물을 평택시 팽성읍 동창리 일대에 불법 매립했다고 주장했다. 평택시 팽성읍 동창리 34번지 현장에서 중장비를 동

평택시, 미군기지 폐토사 불법매립 의혹 시료채취

(평택=연합뉴스)경기도 평택시는 미군 공군기지 조성공사에서 반출된 오염됨 폐토사가 불법 매립됐다는 주장과 관련, 25일 고덕면과 진위면 등 5곳에서 굴착기를 동원해 시료채취에 나섰다. 시는 이날 오전 고덕면 좌교·동고리와 도일동, 독곡동, 진위면 마산리 등을 돌며 굴착기로 땅을 파고 시료를 채취했다. 2012. 9. 25.

원해 폐기물 확인 작업을 벌였으며 포클레인이 땅을 파고 들어가
자 콘크리트 덩어리는 물론 폐타이어, 폐임목 등 많은 양의 폐기물
들이 모습을 드러냈다.

하지만 진위면 은산리의 경우 토지주가 반대 의사를 밝힘에 따
라 시료채취를 못했다. 시는 채취된 시료를 경기도보건환경연구원
에 성분분석을 의뢰키로 했다.

우리는 10월 24일 경기 평택시의회가 임시회 일정으로 진행된
현장활동에서 미군부대(K-6 캠프 험프리) 공사현장을 찾아, 국방부
주한미군기지 이전사업단으로부터 최근 문제가 되고 있는 폐기물
과 관련한 대책 마련을 촉구하였다. 아래의 사진은 기지이전사업
단 박종연 대령(사업관리 3팀장)이 현황을 설명하고 있는 모습이다.

먼저 필자는 "미군 측은 폐기물이 없다고 했는데 K-55기지 제

24일 경기 평택시의회가 임시회 일정으로 진행된 현장 활동에서 미군부대(K-6·캠프 험프리) 공사 현장을 찾아 국방부 주한미군기지이전 사업단으로부터 최근 문제가 되고 있는 폐기물 관련, 대책마련을 요구했다. 사진은 기지이전사업단 박종연 대령(사업관리 3팀장)이 현황을 설명하고 있는 모습. /아시아뉴스통신 = 이석구 기자

2활주로 공사현장에서 헤아릴 수 없이 많은 양의 폐기물이 나오고 있다는 증언과 일부 나왔는데 쓸어 담았다는 말이 있다"고 주장했다. 또한 "K-55 방문과 관련 국방부는 미군 측에서 거절하고 있어 방법이 없다 했는데 의문이 든다"며 "국방부는 의혹을 해소시키려는 노력을 기울여야 할 것"이라고 주문했다. 또한 "K-55는 목천에 있는 폐기물 업체를 지정했다. 거리상 물류비용이 얼마나 드나. K-6 미군부대의 폐기물 처리 업체는 어느 곳인가" "원해서 미군기지가 이전하는 것이 아닌데 폐기물만 남겨주면 어떻게 하냐"고 물었다. 그리고 나는 "농사가 끝난 뒤 매립이 의심되는 곳을 검사하고 확인할 수 있도록 배려해달라"고 협조를 요청했다.

동료인 김기성 의원은 "시민들은 불안하고 신뢰를 하지 않는다"며 "그렇기에 더더욱 밝혀야 한다"고 목소리를 높였다. 이희태 평택시의회 의장은 "누구라도 원하지 않을 것"이라며 "국방부는 공사 과정에서 나오는 폐기물을 적법하게 처리할 수 있도록 철저한 지도관리를 해달라"고 당부했다.

권태환 미군기지 이전사업단장은 "평택시의회에서 현장조사를 하겠다고 해서 협조를 한 것"이라며 "이런 기회를 통해 오해를 없애는 계기를 만들자. 이번 기회에 명확히 정리될 필요를 느낀다"고 답변했다. 기지이전사업단 대외협력팀장은 "적법한 업체에 계약을 해서 처리하는 것을 원칙으로 한다"며 "앞으로는 관리 감독을 더욱 철저히 할 것"이라고 약속했다.

● K-6 미군기지 사토매립지 시굴 및 시추 장소

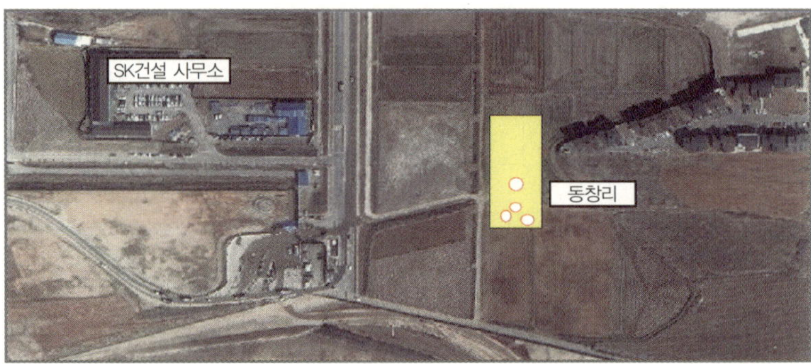

■ 1. 팽성읍 동창리 31

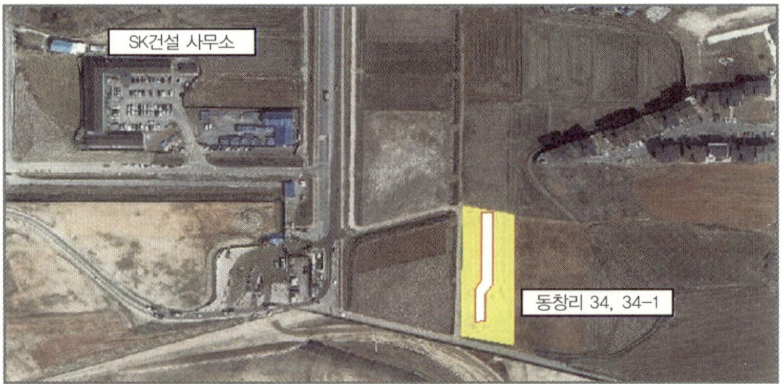

■ 2. 팽성읍 동창리 34, 34-1

■ 3. 팽성읍 내리 49

소리 없는 대재앙, 우리 국토가 오염되어 가고 있다

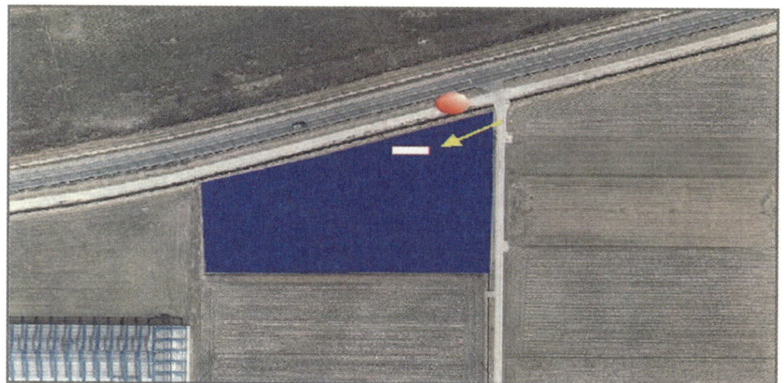

4. 오성면 신리 73-1

5. 팽성읍 동창리 34-2

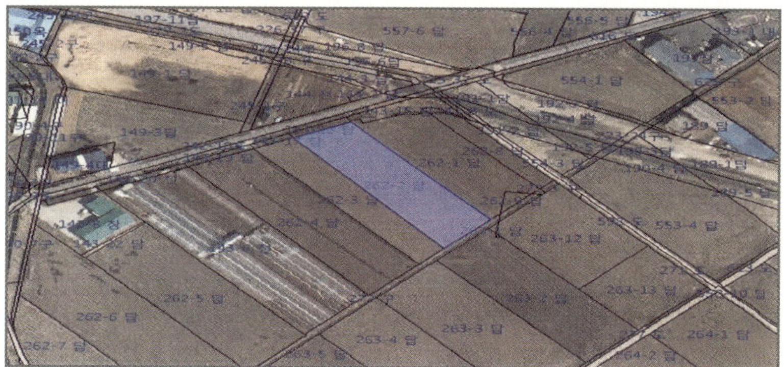

6. 팽성읍 두리 262-2

■ 포클레인 시굴 작업

■ 토양검사 시료 채취

■ 발견 폐기물 확인

소리 없는 대재앙, 우리 국토가 오염되어 가고 있다

■ 토양 채취

■ 시료채취 작업

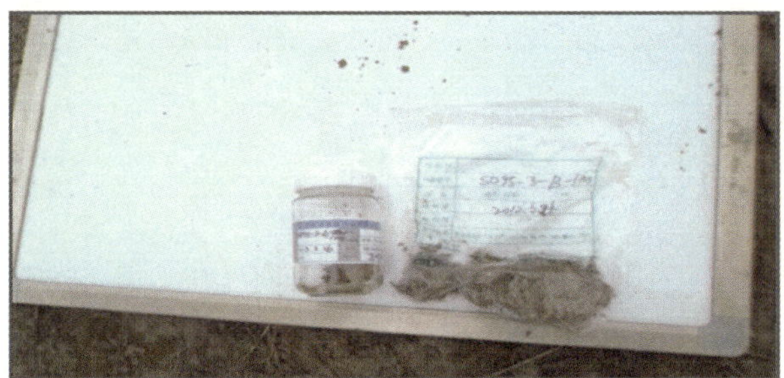

■ 시료

신고번호   제 2011-08-367호

건설폐기물처리계획신고필증

신고인	상 호(명 칭)	국방시설본부	사업자등록번호	106-83-06983
	성 명(대표자)	본부장	생 년 월 일	
	주 소(사업장)	서울시 용산구 이태원로 22번지 (02-748-4253)		

공사내역	공 사 명	오산 제2활주로 2단계공사	공사기간	2011.08.18~2013.08.27
	공사(배출)현장주소	경기도 평택시 신장동 K55 미공군기지내		
	순환골재의무사용건설공사의내용			

발주자	상 호(명 칭)	상동	대 표 자	
	주 소			

건설폐기물 성상별·종류별 분리배출계획	성상 및 종류별 분리배출
건설폐기물의 발생주기	공사중 일시적 발생
건설폐기물의 보관방법	발생 즉시 위탁처리

건설폐기물의 종류별 배출 및 처리계획

건설폐기물의 종류	배출량 (톤)	운 반			처 리		
		운반자	운반량	처리구분	업소명	처리방법	처리량
폐콘크리트	40,372	(주)영흥산업환경	40,372	위탁	(주)영흥산업환경	중간처리 (파쇄분쇄)	40,372
폐아스콘	17,860	(주)영흥산업환경	17,860	위탁	(주)영흥산업환경	중간처리 (파쇄분쇄)	17,860
혼합건설폐기물	749	(주)영흥산업환경	749	위탁	(주)영흥산업환경	중간처리 (파쇄분쇄)	749

「건설폐기물의 재활용촉진에 관한 법률」 제17조제1항 및 동법 시행규칙 제9조
제2항의 규정에 의하여 건설폐기물 처리계획의 신고를 하였음을 증명합니다.

2011 년 8 월 18 일

평택시송탄출장소장 ㉑

허가번호 제 98003호

건설폐기물중간처리업허가증

상 호(명 칭)	(주)영흥산업환경	사업자등록번호	312-81-26289
성 명(대표자)	김창복, 송용옥	생 년 월 일	60/ 06/ 06
주 소(사무실)	충청남도 천안시 동남구 목천읍 소사리187-4번지 외 1 필지	전화번호	5547811
영업대상건설폐기물	폐콘크리트 폐아스팔트 콘크리트 폐벽돌 폐블럭 폐기와 폐금속류 폐유리 폐타일 및 폐도자기 폐판넬 건설폐토석 혼합건설폐기물 불연성 (건설오니) (준설오니 제외) 가연성·불연성 혼합 (폐보드류)		
처리시설 소재지	충청남도 천안시 목천읍 소사리 187번지 4 호	전화번호	
사업장부지규모	10041 (㎡)	자본금(자산평가액)	2000 (백만원)
시설·장비	굴삭기(충남02고2590) 파쇄.분쇄시설(300t(톤)) 파쇄.분쇄시설(160t(톤)) 건조시설(300Kg) 건조시설(300Kg) 분리·선별시설(300t(톤)) 분리·선별시설(160t(톤)) 분리·선별시설(150t(톤)) 재생아스팔트콘크리트 생산시설(4.8t(톤)) 보관시설(24000t(톤)) 계량시설 : 1식 이상(50t(톤))		
기술능력	폐기물처리기사 - 1		
허용보관량	24000 (톤)	보관시설 면적	0 (㎡)
허가조건	- 건설폐기물의 재활용촉진에 관한법률 및 제반 규정을 준수 하여야 함. - 인근 주민에게 피해가 없도록 하여야 함. - 건설오니중 준설오니는 건조시설에서 건조를 금지함.		

「건설폐기물의 재활용촉진에 관한 법률」 제21조제3항 및 같은 법 시행규칙 제12조제5항의 따라 건설폐기물 중간처리업를 허가합니다.

1998년 05월 27일

충 청 남 도 천 안

다음은 10월 5일에 대한토양환경연구소에 접수하여 11월 13일에 나온 토지시험성적서이다.

(재) 대 한 토 양 환 경 연 구 소

서울시 강남구 도곡동 552-3/ TEL. 02-574-0373/ FAX 02-574-1539

시 험 성 적 서

귀 사에서 의뢰하신 시료의 분석결과를 아래와 같이 통보합니다.

- 아 래 -

◆ 문서번호 : 2012 - 304L
◆ 업 체 명 : 평택시의회
◆ 주　　소 : 경기 평택시 서정동 800
◆ 의 뢰 인 : 평택시의회
◆ 검 체 명 : 토　　양 (7점)
◆ 분석항목 : Cu,Cd,Pb,Zn,Ni,Hg,As,Cr^{+6},유기인,시안,페놀,TCE,
　　　　　　　PCE,TPH,Benzene,Toluene,Ethylbenzene,Xylene
◆ 시험방법 : 토양오염공정시험방법 (환경부고시 제2009-255호)
◆ 접 수 일 : 2012. 10. 05.
◆ 발 행 일 : 2012. 11. 13.
◆ 용　　도 : 분석의뢰

본 시험성적서는 발주자가 지정한 측정지점의 토양에 한하며 용도이외의 목적으로 사용할 수 없습니다.

대 한 토 양 환 경 연 구 소 장 

1/2.

소리 없는 대재앙, 우리 국토가 오염되어 가고 있다

- 시 험 결 과 -

시험항목		Cu	Cd	Pb	Zn	Ni	Hg	As	Cr⁺⁶	유기인	페놀류	시안	TCE	PCE	벤젠	톨루엔	에틸벤젠	자일렌	TPH
단 위		mg/kg	mg/kg	mg/kg	mg/kg	mg/kg	mg/kg	mg/kg	mg/kg	mg/kg	mg/kg	mg/kg	mg/kg	mg/kg	mg/kg	mg/kg	mg/kg	mg/kg	mg/kg
(1)지역 우려기준		150	4	200	300	100	4	25	5	10	4	2	8	4	1	20	50	15	500
유효측정농도		0.5	0.1	2.0	0.5	1.3	0.01	0.01	0.5	0.05	0.02/0.1	0.01	0.1	0.1	0.1	0.1	0.1	0.1	10
1	좌교리746-9	23.7	ND	96.0	102.0	129.5	ND	ND	ND	ND	ND	ND	ND	ND	ND	ND	ND	ND	155
2	둥교리451-4	13.7	ND	17.0	56.5	68.7	0.01	ND	ND	ND	ND	ND	ND	ND	ND	ND	ND	ND	132
3	도일동458-2	19.1	ND	16.5	70.6	104.9	0.01	ND	ND	ND	ND	ND	ND	ND	ND	ND	ND	ND	167
4	독곡동221	19.4	ND	18.0	99.89	93.1	0.01	ND	ND	ND	ND	ND	ND	ND	ND	ND	ND	ND	152
5	마산리532-1	18.8	ND	18.5	58.9	109.6	0.01	ND	ND	ND	ND	ND	ND	ND	ND	ND	ND	ND	104
6	마산리636-1	16.4	ND	18.6	58.9	89.0	ND	ND	ND	ND	ND	ND	ND	ND	ND	ND	ND	ND	154
7	마산리671	35.7	ND	24.0	93.4	262.7	ND	ND	ND	ND	ND	ND	ND	ND	ND	ND	ND	ND	111

※ ND는 유효측정농도이내임.

경 기 도 보 건 환 경 연 구 원

수 신 자: 경기도 평택시 서정동 평택시송탄출장소 –
（경 유）
제 목: 시험성적서

접 수 번 호	2131200061-05	시 료 명	34-09-01	의 뢰 일 자	2012년 9월 20일
의 뢰 자	평택시송탄출장소	의 뢰 주 소	경기도 평택시 서정동 평택시송탄출장소–		
채 취 방 법		채 취 장 소	-	시 험 기 간	2012-09-20~2012-10-10
시 험 목 적	성분검사	의 뢰 근 거	환경위생과-19105	시 험 환 경	온도(20±5)℃,상대습도(37±4)% R.H.
시 험 방 법	토양오염공정시험기준(환경부고시 제2009-255호)				

검사항목	기준	결과	단위
카드뮴	4이하	17.14	mg/kg
구리	150이하	21.19	mg/kg
비소	25이하	15.69	mg/kg
수은	4이하	0.05	mg/kg
납	200이하	19.79	mg/kg
6가크롬	5이하	불검출	mg/kg
아연	300이하	36.23	mg/kg
니켈	100이하	19.00	mg/kg
유기인	10이하	불검출	mg/kg
시안	2이하	불검출	mg/kg
페놀	4이하	불검출	mg/kg
석유계총탄화수소	500이하	19	mg/kg
판정	상기실험 확인함		

경기도보건환경연구원장

주무관	변주형	토양분석팀장	최양희	기연구부장	이재성

협조자
시행

우 440-290 경기도 수원시 장안구 정자로 267(파장동 324-1) / http://gihe.gg.go.kr
전 화   전 송 031-250-2610   사용자

소리 없는 대재앙, 우리 국토가 오염되어 가고 있다

토지시험성적서의 결과로 진상을 요구하고 있는 저자

　미군기지 확장공사 현장에서 반출된 폐기물의 불법 매립 의혹이 계속되고 있는 가운데, 평택시의회의 '미군기지 공사 건설 폐기물 불법 매립조사 특별위원회'가 지난 10일과 11일 추가로 현장 발굴조사를 벌였다. 이번에 조사한 곳은 팽성읍 내리와 동창리, 도두리와 오성면 신리 등 16개 필지이며, 혹한과 폭설로 인해 땅이 얼어 조사에 어려움을 겪기도 했으나 파쇄장비를 동원하는 등 철저한 사전준비로 발굴 현장에서 시료를 채취했다. 하지만 폐기물 의심 지역으로 제보된 동창리 인근 필지 발굴은 토지주의 강한 반발로 조사에 파행을 빚어 향후 논란의 여지를 남기기도 했다.

　필자는 발굴 폐기물의 성분검사 정확성에 대한 문제도 제기했다. "지난 1차 발굴 현장에서 기름띠가 발견되는 등 명확한 증거가 나왔음에도 불구하고 경기도보건환경연구원은 유해성분이 하나도 발견되지 않았다는 검사결과를 내놔 그 정확성과 공정성에 의구심을 표하지 않을 수 없다"며 "이번에 채취된 시료는 보다 공정한 검사를 위해 제3의 기관에 의뢰할 것"이라고 목소리를 높였다.

또한 임목 폐기물 매립에 대한 업체의 부도덕성도 확인됐다. 현장 발굴에 참여한 한 토지주는 "매립 과정을 지켜봤고 임목이 포함된 것을 알았지만 썩으면 퇴비가 된다는 생각만 가지고 있었기 때문에 이상 없는 토양으로 생각했다"며 "매립업체로부터 이와 관련해 아무런 설명도 듣지 못했으며 임목 폐기물이 토양오염이 된다는 사실을 알았다면 매립에 동의하지 않았을 것"이라고 분통을 터트렸다.

김기성 위원장은 현장 발굴을 마치며 "1차 조사 결과 경찰 고발을 검토했지만 발굴이 완료되지 않은 상황이어서 이번 발굴 완료까지 미뤄왔을 뿐, 두 차례에 걸친 발굴조사로 일부 지역에서 불법 매립 사실이 확인돼 시료조사 결과에 상관없이 해당 업체를 고발

14일 평택시 팽성읍 동창리 일대에서 평택시의회 미군폐기물 불법매립 의혹 조사특위 소속 의원들이 농지에 불법매립된 미군기지 이전부지 조성사업 과정에서 나온 폐기물을 살펴보고 있다. 전형민기자 hmjeon@kyeonggi.com

'불법매립 의심' 평택 미군기지 인근 땅 파보니

軍 철조망·건폐물··· 기름띠 토양엔 '악취'

평택시·시의회 조사특위
내일까지 매립지 현장조사

평택 미군기지 인근에서 또다시 불법매립으로 의심되는 철조망과 나뭇가지 등 각종 폐기물이 다량 발견됐다.

지난 2009년 미군기지 확장공사 사토처리를 담당했던 업체가 폐기물 수십만을 평택시 곳곳에 불법매립했다고 폭로한 이후 평택시의회 조사특위가 평택시와 함께 첫 번째 현장조사를 벌인 결과다.

평택시의회 '미군 폐기물 불법 매립의혹 조사특별위원회' 는 14일 오후 불법매립 의혹이 있는 팽성읍 동창리 주한미군 이전기지 확장공사 인근 밭에서 굴착기를 이용해 땅속에 묻혀 있는 폐기물 일부를 파냈다.

이 자리에는 시와 시의회 관계자를 비롯해 불법매립을 했다고 폭로한 공사 당시 사토처리 하청업체와 이를 부인하고 있는 원청 건설사 관계자들이 모여 현장을 지켜봤다.

굴착기가 흙을 몇 번 파내자 깊이 1m도 채 되지 않아 나뭇가지 등 수많은 임목폐기물들이 모습을 드러냈다.

또 주변의 서너 곳을 가로 1.5m, 세로 5m, 깊이 1.5m가량으로 파자 콘크리트와 폐비닐이 줄줄이 나왔으며 미군기지에서 사용했던 것으로 추정되는 군용 철조망과 영문이 적힌 플라스틱 용기가 차례로 발견됐다.

여기에 땅을 팔수록 악취가 풍겼고 한쪽에서는 기름띠가 육안으로 보일 정도였다.

평택시는 토양 표본을 채취하고 폐기물 일부를 수거했으며 경기도보건환경연구원 등 분석기관에 성분을 의뢰할 방침이다.

김기성 특위 위원장은 "얼마 전 1차로 불법매립의혹 토양을 분석기관에 의뢰해 분석한 결과 카드뮴이나 니켈과 같은 중금속이 일부 검출됐다"며 "오늘도 시료를 채취해 정밀기관에 분석을 의뢰하고 좀 더 많은 지역을 파본 뒤 문제가 발생하면 책임자를 상대로 고발조치 할 것"이라고 말했다.

이에 대해 원청업체 관계자는 "대량의 사토를 처리하면서 관리할 수 없는 한계가 있어 일부 폐기물이 들어간 것 같다"면서 "적법적으로 처리했다는 입장에는 변함이 없으며 조사 결과를 보고 대응하겠다"고 말했다.

한편 특위는 오는 16일까지 3일간 팽성읍 본정리·송화리·노양리와 오성면 창내리·신리 등 총 10곳의 매립지를 조사할 계획이다.

/평택 = 최해영·구예리기자
yell@
〈경기일보〉

하는 등 강력 대응할 방침"이라고 밝혔다.

한편, '미군기지 공사 건설 폐기물 불법 매립조사 특별위원회' 는 "1월 말까지 활동 기한이 정해져 있지만 평택시의회는 특별위원회의 존치 기간 동안 폐기물 불법 매립 조사가 완료되지 못할 경우 기한을 연장해서라도 끝까지 진실을 밝히겠다"고 입장을 표명했다.

경기일보에서는 이러한 시의회의 노력을 알리는 인터뷰기사를 보도해 주었다. 결국 우리 평택시의회의 '주한미군 폐기물 불법 매

미군기지에서 발생한 폐기물을 미군부대 인근 농경지에 대량 매립했다는 의혹을 제기하는 등 발 빠른 의정 활동을 펼치며 묵묵히 시민의 대변자 역할을 하고 있는 의원이 있어 화제를 모으고 있다.

평택시의회 임승근(50) 부의장이 그 주인공.

임 부의장은 제152회 임시회에서 5분 발언을 통해 미군기지에서 발생한 폐기물이 미군부대 인근 농경지 99필여㎡에 수십만t의 불법 폐기물이 매립된 사실을 의원발의에서 제기, 파문을 일으켰다.

이후 임 부의장은 사비를 들여 폐기물 의혹을 사고 있는 매립지를 굴착, (재)대한토양환경연구소와 경기도보건환경연구원 등에 토질 분석을 의뢰해 카드뮴과 니켈이 각각 기준치의 4배, 2배 이상으로 오염된 사실을 밝혀냈다.

이 같은 근거로 시의회는 지난달 26일 김기성 위원장을 중심으로 6명의 미군기지폐기물 불법매립 조사특위가 구성됐다.

이와 관련 특위는 지난 14일 팽성읍 동창리 일원과 창내리 일대 농경지에 대해 발굴작업을 벌여 임목 폐기물은 물론 군 철조망, 주름관, 폐콘크리트 덩어리 등이 다량 포함된 폐기물들이 매립된 사실을 확인했다.

특히 이날 발굴된 검은색을 띤 벌 흙에서는 악취가 진동하는가 하면 매립된 농경지 인근 배수로에서는 기름으로 보이는 침출수가 배수로로 흘러내리고 있는 것을 목격하고 시료를 채취, 도보건 환경연구원에 토질분석 등을 의뢰했다.

이밖에 임 부의장은 시가 미래에 비전을 제시할 수 있도록 농촌·도시개발은 물론 환경보전이 조화를 이룰 수 있도록 하기 위해 각종 시책을 제안하는가 하면 현장 위주의 활동을 펼치고 있다.

임 부의장은 "캠프험프리스 인근 미군기지 이전 공사장은 물론 K-55 미군부대 제2활주로 공사과정에서 발생한 수십t의 폐기물 상당수가 미군부대 인근 농경지 등에 매립된 사실이 속속 드러나고 있다"며 "매립된 폐기물로 인해 시민들의 건강을 위협받고 있는만큼 행위자를 찾아내 원상복구는 물론 적법한 처벌을 받을수 있도록 하겠다"고 의지를 밝혔다.

/평택 = 최해영 기자 chy4056@
〈경기일보〉

립 의혹 조사특별위원회'는 12월 20일부터 4박 5일 일정으로 필리핀 클라크, 수빅 만 등 전 미군 주둔기지 주변에서 현장활동을 하였다. 현장활동은 조사특위 김기성 위원장과 임승근(부의장) 등 의원 5명이 참여하였다. 또 평택부시장과 송탄출장소장, 기획재정문화국장을 비롯한 공무원 6명도 동행했다.

의원들과 시청 공무원들은 1인당 경비 100만 원씩을 자비로 부담해 공군기지로 사용했던 클라크 지역과 해군기지였던 수빅 만에서 현장활동을 하였다. 그 결과보고서는 최근에 인쇄되어 시민들에게 배포되었다.

소리 없는 대재앙, 우리 국토가 오염되어 가고 있다

경기신문
2012년 12월 14일 (금)
06면 경기

"미군 폐기물 의혹 반드시 규명"

평택시의원·공무원, 자비로 해외 벤치마킹
4박5일간 필리핀 전 美기지 주변 현장 활동

평택시의회 시의원과 부시장 등 일부 공무원이 미군기지 주변 폐기물에 대한 모든 의심을 파헤치기 위해 자비로 필리핀 전 미군기지 벤치마킹을 실시한다.

평택시의회 주한미군 폐기물 불법매립의혹 조사특별위원회는 오는 20일부터 4박 5일 간의 일정으로 필리핀 클라크, 수빅만 등 전 미군 주둔기지 주변에서 현장활동을 벌인다고 13일 밝혔다.

현장 활동에는 조사특위 김기성 위원장과 임승근(부의장), 김윤태(산업건설위원장), 권영화(자치행정위원장), 양경석 의원 등 5명이 참여한다.

또 평택부시장과 송탄출장소장, 기획재정문화국장을 비롯한 공무원 6명도 동행할 예정이다.

특히 의원들과 시청 간부 등 8명은 1인당 경비 100만원씩을 자비로 부담해 공군기지로 사용했던 클라크 지역과 해군기지였던 수빅만에서 현장 활동을 벌일 계획이다.

이들은 저가항공을 이용하고 비행기에서 하룻밤을 보내고 현지 여관급 숙박시설을 이용해 경비를 줄이는 것으로 알려졌다.

현장 활동이 끝나면 이주단지인 아이티마을을 방문해 의류·학용품·과자류를 전달한 뒤 귀국하는 바쁜 일정을 소화한다.

조사특위 김기성 위원장은 "기지주변 환경오염이 현 세대로 끝나는 것이 아닌 후세에도 재앙을 주고 있는 현장을 확인하고, 시의회와 공무원이 한마음으로 주한미군 이전을 앞둔 평택의 오염을 최소화하는 것이 이번 현장 활동의 가장 큰 목적"이라고 말했다.

시의회 조사특위는 해외활동을 끝나면 바로 평택시 팽성읍 캠프험프리스(K-6)와 K-55의 폐기물 불법 매립의혹에 대한 특위 활동을 벌일 예정이다.

한편 김선기 평택시장은 미군기지 폐기물 매립의혹과 관련해 "한 점의 의혹도 남지 않도록 사실확인을 위해 최선을 다할 것"이라고 강한의지를 피력했다.

/평택 = 오원석 기자 ows@
〈경기신문〉

경인일보
2012년 09월 18일 (화)
19면 지역

평택내 '오산공군기지 공사장 폐토사' 불법매립

미군 폐기물, 끝이 없다

평택 미군 오산공군기지(K-55) 조성 과정 등에서 발생한 폐콘크리트와 폐토사 등이 평택시 일원에 불법 매립됐다는 주장이 제기됐다.

임승근 평택시의회 부의장은 17일 열린 제152회 임시회 5분 발언에서 "과거 오산공군기지내 조성 과정 등에서 발생한 폐콘크리트·기름·석면 등이 섞인 오염된 폐토사가 다량으로 불법매립된 사실이 최근 오산공군기지 제2활주로 공사과정에서 드러났다"고 주장했다.

임 부의장은 이어 "현장 폐기물은 25t덤프트럭 기준 8천대 분량인 20만t 이상이고, 확인된 불법매립지는 고덕면 좌교리와 동고리, 도일동, 진위면 은산리, 독곡동, 마산리 등 6곳으로, 일부 지역은 송탄상수원보호구역으로 심각한 수질 오염 등이 우려된다"고 강조했다.'

임 부의장은 특히 "공사중 발견된 폐기물은 환경부 지침에 따라 폐기물의 성상 및 종류별로 분리해 처리해야 하지만 폐토사 등은 처리비용이 고가이기 때문에 폐토사 일부만이 정상처리됐고, 수만t은 현재도 불법매립된 채 방치되고 있다"고 폭로했다.

임 부의장은 미군부대는 미국 땅이라 공사과정에서 국내법 적용이 어려운 점을 악용해 폐토사 불법매립이 이뤄졌을 것이라며 평택시의 정확한 실태 파악과 대책 마련, 재발방지 등을 촉구했다.

한편 시는 임 부의장이 주장한 폐토사 불법매립 진위 여부와 사후대책 마련을 위해 자원환경위생과 등 유관부서에서 실태파악에 나설 방침이다.

/평택 = 민웅기 기자 muk@
〈경인일보〉

'평택 미군기지 조성공사' 하청업체 폭로 '일파만파'

"폐기물, 25.5t 덤프트럭 3만대분 불법매립했다"

22일 평택시 팽성읍 동창리 주한미군 이전기지 인근 농지에서 미군기지 확장공사 때 사토처리를 담당했던 토건회사의 공부이사 송연승씨가 중장비를 동원해 피해진 각종 폐기물을 들어보이고 있다.
추상철기자 xchoo@kyeonggi.com

평택 주한미군 이전부지 인근 밭에서 시멘트 구조물과 나무뿌리 등의 임목폐기물이 다량 발견돼 파장이 일고 있다.

특히, 당시 미군기지 확장공사 사토처리를 담당했던 업체가 이같은 폐기물 수십만t을 평택시 곳곳에 불법매립했다고 폭로해 사태가 더욱 확산될 전망이다.

해당업체인 ㈜새롬토건측은 22일 오전 평택시 팽성읍 동창리 일원 주한미군 확장공사 부지 인근 밭에서 굴착기를 동원해 묻혀있던 폐기물을 파냈다.

가로 1m, 세로 13m에 1.5m 깊이로 3~4곳 파내자 시멘트 도로 포장 폐기물과 폐타이어, 나뭇가지와 나무뿌리 등이 수t 나왔다.

또 폐기물들이 썩으면서 주변 흙들은 상당량이 잿빛으로 변해 있었다.

이 곳 주변의 농지를 소유하고 있는 최모씨(61)는 "2년 전 농사를 짓기 위해 이 일대 농지 3천여㎡를 매입했는데 농작물이 말라죽는 등 도저히 그대로는 농

새롬토건 "평택지역 논·밭 곳곳에 묻어"
SK·대우·GS 등 처리비용 90%나 줄여
해당 건설사 "사실무근, 모두 적법처리"

사를 지을 수가 없어 복토를 하고 옥수수를 심어 왔다"며 "폐기물 때문에 땅이 황폐화된 것"이라고 말했다.

새롬토건측은 이들 폐기물은 모두 2009~2010년 미군기지 확장 토목공사를 하면서 발생한 시멘트 도로 폐기물과 농로변 등에 자라던 임목폐기물이라고 주장하고 있다.

SK·대우·GS 등 3개 건설업체가 2009년부터 900여만㎡의 미군기지 확장공사를 하면서 발생한 폐기물을 정상 처리하지 않고 재하청업체인 새롬토건을 통해 미군기지 인근 농경지에 매립했고, 이로 인해 처리비용을 10분의 1로 줄였다는 것이다.

새롬토건 관계자는 "25.5t 덤프트럭 약 3만대 물량을 동창리, 내리, 창내리, 원정리, 신리 등 수십 곳의 논과 밭 최소 10만㎡에 묻었다"며 "당시 원청업체에 이를 보고했지만 아무런 조치가 없어 그대로 묻었고 이후에 사태의 심각성을 알고 시정을 요구했지만 받아들여지지 않았다"고 밝혔다.

하지만 원청 건설사들은 이같은 주장을 전면 부인하고 있다. 표토작업에서 발생한 흙을 묻는 과정에서 폐기물이 일부 쓸려 들어갔을 가능성은 있지만 불법 매립은 없었다는 것이다.

SK 건설 관계자는 "미군기지 확장공사를 하면서 임목폐기물 1천300t을 비롯한 13만t의 폐기물을 적법 처리했고 의도적으로 불법매립한 적은 없다"고 반박했다.

대우건설의 한 관계자도 "공사 과정에서 발생한 임목폐기물은 별도로 현장에 쌓아놓고 있으며, 반출한 적이 없기 때문에 불법

매립한 사실도 없다"고 말했다.

이처럼 양측의 주장이 엇갈리면서 지자체 등 관련 기관의 실태조사가 시급하다는 지적이다.

이에 대해 평택시 관계자는 "매립된 밭에서 건축 폐기물과 나무뿌리 등이 다량 검출됨에 따라 다른 전답의 실태 파악과 오염도 측정이 필요하다고 본다"며 "관련자들을 불러 조사한 뒤 원인자를 수사기관에 고발하는 등 행정처분하겠다"고 밝혔다.

/평택 = 최해영·구예리기자
yell@

〈경기일보〉

경기일보-MBN 공동보도

위 기사는 22일 본보 제휴사인 MBN의 뉴스8 에도 보도됐습니다. 뉴스 동영상은 경기닷컴(www.kyeonggi.com)과 MBN(www.mbn.co.kr) 사이트에서 보실 수 있습니다.

소리 없는 대재앙. 우리 국토가 오염되어 가고 있다

미군기지 확장공사 건설 폐기물, 평택서 또 발견

경기도 평택시 팽성읍 동창리 주한미군 이전기지 인근 밭에 불법 매립된 시멘트, 구조물과 나무뿌리 등 폐기물. 22일 오전 미군기지 확장공사 때 사토처리를 담당했던 보건회사의 공무이사 송연웅씨가 폐기물을 들어보이고 있다.
연합뉴스

진위면 불법매립 수만t 이어 팽성읍 밭서도 수t 쏟아져

/윤경모 기자 kmyun@
신정훈 기자 gs5654@
〈중부일보〉

평택시 진위면 일원에 불법 매립된 폐기물 수만t이 발견(본보 9월 18일자 23면 보도)된데 이어 인근 팽성읍에서도 주한미군기지 조성사업 중 발생한 것으로 추정되는 건축 폐기물이 매립된 것으로 확인됐다.

당시 미군기지 확장공사에서 사토처리를 담당했던 ㈜새롬토건측은 22일 오전 평택시 팽성읍 동창리 주한미군 확장공사 부지 인근 밭에서 굴착기를 동원, 콘크리트 폐기물과 폐비닐, 나무뿌리, 타이어 등을 파냈다.

사토처리 담당했던 새롬토건
"논밭 수십곳에 폐기물 파묻어…
SK·대우 등 1군업체에 보고"

SK·대우 "당시 13만t 적법 처리
폐기물 불법매립 사실 아냐"

市 "인근 전답 실태조사 후 조치"

밭을 가로 1m, 세로 1.3m, 깊이 150cm로 3~4곳 파내자 시멘트 도로포장 폐기물과 폐타이어, 나무뿌리 등이 수t 나왔다.

이 회사 관계자는 "이들 폐기물은 모두 2009~2010년 미군기지 확장 토목공사를 하면서 발생한 경지 정리된 논의 시멘트 도로 폐기물과 농로 변 등에 자라던 임목 폐기물"이라고 주장했다.

SK·대우 등 3개 건설업체가 2009년부터 900여만㎡의 미군기지 확장공사를 하면서 발생한 건축 폐기물과 임목폐기물을 정상 처리하지 않고 미군기지 인근 논에 그대로 매립했다는 것이다.

이 관계자는 또 "이같이 불법 매립한 폐기물이 3천~5천t으로, 미군 확장기지 인근 수십 곳의 논과 밭 33만여㎡에 매립했고 당시 1군 건설업체에 보고했었다"고 덧붙였다.

이에 대해 SK 박지민 건설부장은 "미군기지 확장공사를 하면서 임목 폐기물 1천300t을 비롯한 13만t의 폐기물을 적법 처리했고, 의도적으로 불법 매립한 적은 없다"며 이같은 주장을 부인했다.

대우건설의 한 관계자도 "공사 과정에서 발생한 임목 폐기물은 별도로 현장에 쌓아놓고 있으며, 반출한 적이 없기 때문에 불법 매립한 사실도 없다"고 말했다.

새롬토건 공무이사 송연웅(55)씨는 "대추리 마을과 뒷산에 있는 나무 등은 규정대로 폐기물처리를 했고, 나머지 경지 정리된 논의 시멘트 도로와 구조물과 5년여간 방치돼 늪지로 변한 논의 임목 폐기물 등은 흙과 섞어 논에 불법 매립됐다"고 당시 상황을 설명했다.

평택시 이규환 환경위생과장은 "매립된 밭에서 건축 폐기물과 나무뿌리 등이 다량 검출됨에 따라 다른 전답의 실태 파악과 오염도 측정을 한 뒤 원인자를 찾아내 수사기관에 고발하는 등 행정처분 하겠다"고 밝혔다.

평택평화센터 강상원 소장은 "매립된 논에서 시멘트 덩어리와 나무뿌리 등이 나온 것은 건설업체가 처리비용을 줄이기 위한 고전적인 수법으로 보인다"며 "실태 파악 후 적절한 조치를 하겠다"고 말했다.

22.5 X 23.8 ㎝

'폐기물불법매립 의혹' 시의원 미군기지 현장 확인　평택 미군기지 공사현장의 폐기물 불법매립 의혹과 관련해 평택시의회 의원 15명 전원이 24일 오후 캠프험프리스(K-6) 확장공사 현장을 방문, 1시간여 동안 현장조사를 벌였다. 임승근 부의장(사진 우측)이 국방부관계자에게 미군기지 확장이전의 모습을 설명하고 있다.
연합뉴스

평택시의원들이 지난 26일 미군기지 폐기물 불법 매립 의혹 규명과 지방의회 의원 정당 공천제 폐지를 촉구하고 있다.

美기지 폐기물 매립의혹 샅샅이 파헤친다

**평택시의회 조사특위 구성
문제점 발견시 관련자 고발**

평택시의회가 지난 26일 미군기지 폐기물 불법 매립 의혹을 규명하기 위한 조사특위(위원장 김기성)를 구성하고 내년 1월31일까지 활동에 들어갔다.

조사특위는 민주통합당 의원 3명, 새누리당 의원 1명, 무소속 의원 1명 등 6명으로 구성됐다.

특위는 평택시·미군기지·국방부 등에 자료 요청과 증인·참고인 진술 청취, 현장 방문 조사, 시료채취 등을 해 문제점이 발견되면 관련자들을 고발 등 조치할 계획이다.

시의회는 또 이날 제153회 임시회 회기를 마친 뒤 시의원 15명 전원이 의회청사 앞에서 '미군기지 불법 폐기물 매립 의혹 원인자 규명과 지방의회 의원 정당 공천제 폐지' 촉구 결의대회를 가졌다.

의원들은 "미군기지 이전은 국가 정책으로 어쩔 수 없이 피해를 감수했으나 미군기지공사 관련 건설 폐기물 불법매립으로 인해 오히려 지역 주민의 피해가 발생하고 있다"며 "불법 폐기물 수량을 정확히 파악해 공개하고 폐기물 처리에 대한 대책을 강구하라"고 촉구했다.

이들은 이어 "풀뿌리 민주주의는 근본인 주민의 자율권이 보장되어야 하지만 그동안 정당 의사가 우선시 되는 등 자율권이 침해돼 왔다"며 "지방자치와 지역발전을 위해 '지방의회의원 정당공천제'는 반드시 폐지돼야 한다"고 주장했다.

/평택 = 오원석 기자 ows@
〈경기신문〉

소리 없는 대재앙, 우리 국토가 오염되어 가고 있다

평택시의회 '미군 폐기물 불법매립의혹' 조사

평택시, '미군 폐기물 불법매립의혹' 토양 채취 (평택=연합뉴스) 김종식 기자 = 경기도 평택시 공무원이 14일 오후 팽성읍 동창리 미군 폐기물 불법매립의혹 농지에서 오염도 측정을 위해 흙을 채취하고 있다. 2012. 11. 14. jongsk@yna.co.kr

평택시 굴착지점 건설업체와 사전 협의해 비난

경기도 평택시의회 '미군 폐기물 불법 매립의혹' 조사특별위원회는 14일 오후 불법매립 의혹이 있는 팽성읍 동창리 주한미군 이전기지 확장 공사 인근 밭에서 굴착기를 이용해 땅속에 묻혀 있는 폐기물 일부를 파냈다.

가로·1.5m, 세로 5m, 깊이 1.5m가량의 구덩이 3곳을 파 군용 철조망과 폐비닐·돌·나무뿌리 등을 검출하고, 토양오염도 측정을 위해 흙을 채취했다.

또 논에서 기름성분이 스며 나오는 현장을 발견, 표본을 채취해 경기도보건환경연구원에 성분을 의뢰하기도 했다.

평택시는 그러나 굴착에 앞서 폐기물을 매립한 것으로 의심되는 3개 건설업체와 사전 협의를 통해 굴착지점을 선정하고 굴착기까지 지원받아 시의회로부터 '의혹을 해소할 의지가 없다'는 지적을 받았다.

임승근 시의회 부의장과 김승호 의원은 "시가 불법매립의혹이 있는 업체로부터 자료를 받아 굴착지점을 선정한 것은 해당 업체를 보호하기 위한 것으로 보인다"고 비난했다.

김기성 조사특위 위원장은 "현장 조사에서 미군기지 확장공사에서 불법 매립한 것으로 보이는 폐기물을 직접 확인했다"며 "15~16일에도 의혹지역을 굴착기로 파 현장을 확인한 후 관련자를 불러 조사할 계획"이라고 말했다.

시 관계자는 "폐기물 의혹 대상지를 확인, 오염원을 제거하고 원인자를 찾아내 고발과 원상복구시키는 것이 시의 방침"이라고 말했다.

이와 관련 건설업체 관계자는 "현장에서 일부 폐기물이 나오는 것을 확인했다"며 "사토 처리과정에서 조금 실수가 있었던 것으로 추정된다"고 밝혔다.

/평택 = 연합뉴스 김종식 기자 jongsk@

〈연합뉴스〉

평택시의회, '미군 페기물 불법매립의혹' 조사 (평택=연합뉴스) 김종식 기자 = 경기도 평택시의회 '미군 페기물 불법 매립의혹' 조사특위 김기성 위원장이 14일 오후 팽성읍 동창리 주한미군 이전기지 확장공사 인근 농지에서 기름성분이 스며 나오는 현장을 발견, 의문을 제기하고 있다.
2012. 11. 14. jongsk@yna.co.kr

소리 없는 대재앙, 우리 국토가 오염되어 가고 있다

평택시의회, '미군 폐기물 불법매립의혹' 조사 (평택=연합뉴스) 김종식 기자 = 경기도 평택시의회 '미군 폐기물 불법 매립의혹' 조사특위 위원들이 14일 오후 팽성읍 동창리 주한미군 이전기지 확장공사 인근 밭에서 굴착기를 이용해 파 낸 철조망과 고무제품 등을 확인하고 있다. (좌로부터 김기성, 김윤태, 임승근, 양경석, 김승호 의원) 2012. 11. 14. jongsik@yna.co.kr

평택시의회, '미군 폐기물 불법매립의혹' 조사 (평택=연합뉴스) 김종식 기자 = 경기도 평택시의회 '미군 폐기물 불법 매립의혹' 조사특위위원장 김기성)가 14일 오후 팽성읍 동창리 주한미군 이전기지 확장공사 인근 밭에서 굴착기를 이용해 땅속에 묻혀있는 폐기물을 파내고 있다. 양경석 의원이 굴착기로 파 낸 구덩이에 들어가 땅속에 묻혀있는 원목폐기물 등을 점검하고 있다. 2012. 11. 14. jongsik@yna.co.kr

소리 없는 대재앙, 우리 국토가 오염되어 가고 있다

중부일보
2013년 01월 18일 (목)

평택시, 폐기물매립의혹 SK·대우·GS건설 고발

평택시는 16일 주한미군기지 이전공사 시행사인 SK, 대우, GS건설 대표를 폐기물관리법과 건설 폐기물의 재활용촉진에관한법률 위반혐의로 경찰에 고발했다.

시는 고발장에서 이들 건설업체는 지난 2009~2010년 평택시 팽성읍 동창·도두리 등 일대에서 주한미군기지 이전공사를 하면서 건설 폐기물 및 사업장 폐기물(임목)을 사토매립장에 불법매립한 사실이 있다고 밝혔다.

증거물로는 최근 평택시의회 폐기물조사특위에서 농경지를 시굴해 파 낸 건축·임목 폐기물과 철조망, 폐타이어 등을 첨부했다.

시는 고발 이후에도 사토처리업자가 폐기물을 매립했다고 재보한 지역에 대해서는 2월 말까지 땅을 뚫어 토양오염도를 조사키로 했다.

손종천 산업환경국장은 "사토매립지 시굴과정에서 토지주의 반대로 시굴을 못한8개필지에 대해서는 경찰 수사과정에서 시굴해 줄 것을 요청했다"며 "폐기물 불법 매립의혹에 대해서는 끝까지 추적할 방침"이라고 말했다.

/윤경모 기자 kmyun@
신정훈 기자 gs5654@
〈중부일보〉

중부일보
2013년 03월 08일 (금)
05면 지역

인터뷰 임승근 평택시의회 부의장

"미군기지 폐기물 불법매립 척결할 것"

/신정훈 기자 gs5654@
〈중부일보〉

폐기물 조사특위로 적법처리 늘어
피해 더 없도록 의정역량 집결

고덕국제신도시·삼성전자 산단 등
대형개발사업 조기 착공 성과
자연되는 민간제안개발도 추진할 것

— 올해 하반기 의장으로서 주요 의정활동 방향은?

"올해는 평택시가 새로운 도약을 할 수 있는 아주 중요한 시기라고 생각합니다. 고덕국제신도시와 삼성전자 산업단지 착공등 대형개발사업이 계획돼 있기 때문입니다. 다른 의정활동도 중요하지만 이 두사업에 대해 평택시와 심도깊은 협의를 통해 진행하겠습니다. 시의원으로서 항상 첫째, 둘째도 시민과 함께 하고 시민 눈높이에 맞춘, 현장중심의 의정활동을 펼치겠습니다."

— '미군기지 폐토사 불법매립' 과정을 5분발언을 통해 공개해 큰 반향을 일으키고 있는데 향후 일정은?

"현대에서 가장 중요시 되는 분야가 바로 건강과 환경입니다. 한번 훼손된 환경을 되살리려면 우리가 상상하지 못할 정도의 비용과 엄청난 시간이 소요됩니다. 다행히 평택시의회에서도 발빠르게 '미군기지공사 관련 건설 폐기물 불법매립 행정사무조사 특별위원회'를 구성했습니다. 이번 일을 계기로 지역내 미군기지공사 현장에서는 적법하게 폐기물 폐토사 처리를 하고 있는 것으로 알고 있습니다. 저의 의정활동 중 최대의 큰 성과물이 아닌가 싶습니다. 이후 일정은 조사특위 활동을 통해 미군기지 이전에 따른 폐토사 및 폐기물 불법 매립으로 인한 피해가 더 이상 발생하지 않도록 의정 역량을 집결해 최선을 다할 것입니다."

— 평택지역 곳곳에서 민간제안 도시개발사업이 이뤄지고 있는데 이에 대한 견해는?

"평택시에는 현재 19개의 민간제안 도시개발사업이 있고, 저의 지역구만해도 9개의 사업이 진행되고 있습니다. 다행히 올해 고덕국제신도시와 삼성전자 산업단지가 조기착공됨에 따라 좋은 여건이 조성돼 개발사업이 더 활력을 갖고 추진될 것으로 보지만 아직도 진척이 미진한 사업들이 일부 있습니다. 개발사업의 지연은 지역 주민들께 많은 고통과 피해를 주기 때문에 제가 특히 깊은 관심을 가지고 지켜보고 있는 중입니다. 일단 지역내 개발사업들에 대해 정확한 진단을 해서 촉진 내지는 정리가 필요한 사업에 대해서는 정리가 필요하다고 생각합니다. 이미 집행부에서도 외부전문가를 포함한 TF팀을 구성해, 활동을 해 줄 것을 요구했습니다. 집행부에서도 긍정적으로 검토중인 것으로 알고 있습니다."

미군기지공사 관련 폐기물 국외벤치마킹 결과 보고서

기　간 : 2012. 12. 20 ~ 12. 24 (3박5일)
대상지 : 필리핀 클락, 수빅

평택시의회
미군기지공사 관련 건설폐기물 불법매립
행정사무조사특별위원회

■ 클라크 미 공군기지 내 현장에서 기념촬영

■ 미군이 남기고 간 폐허

소리 없는 대재앙, 우리 국토가 오염되어 가고 있다

흉물로 전락해버린 미군기지

Quiet Catastrophe

제5장

인간, 환경 그리고 시민의 건강

1. 환경과 건강

인간이 살고 있는 환경이 주민들의 질병(또는 건강)에 영향을 미치고 있다는 사실은 일찍이, 그리고 동서를 막론하고 인지되었다. 인간과 환경 간의 상호작용에서 비롯되는 건강 또는 질병에 대한 것을 다루는 학문을 우리는 환경의학(Environmental Medicine)이라고 한다. 로마 시대 의학자 갈렌(130~200년)은 이를 건강의 여신 하기에이아(Hygieia)에서 이름을 따와 하이진(hygiene)이라고 명명하였고, 우리나라에서도 서양의학이 전래될 때 일본과 마찬가지로 위생학(衛生學)이라고 알려졌다. 하지만 학문명으로는 환경의학이라 한다. 의학의 아버지인 히포크라테스(B.C. 460~375년)의 저서에서 '공기, 물, 토지(空氣, 水, 土地)에 대하여'에서는 이들 환경조건이 질병의 발생과 상태에 밀접하게 관련되어 있음을 자세하게 기술하고 있다. 뿐만 아니라 그는 질병의 치료 방편으로 휴양, 식사, 좋은 공기, 마사지, 목욕 등을 권장했었다. 뿐만 아니라 고대 중국 의학에서도 寒, 冷, 乾, 濕, 溫의 5行의 불균형으로 여러 장애가 생긴다는 '계절병'들을 생각했었지만, 깊이에 차이는 있는 듯 보인다.

　인간을 제외한 현존하는 생물체들이 환경에 적응하면서 생물학적 진화(生物學的 進化)를 해온 것이라면, 인간은 새로운 발명과 발전을 통하여 환경을 개조하면서 문화적 진화(文化的 進化)도 같이 해왔다. 생리학적 의미에서의 적응은 생물체가 그 자체, 다른 객체 그리고 주체를 둘러싸고 있는 외부의 물리적 환경과 조화하려는 능력과 과정으로서, 이는 그 생물체의 생존과 번식을 통하여 그 개체가 가지고 있는 생물학적 특성을 보존하려는 과정으로 정의될 수 있다. 이러한 적응과 관련되는 용어로서 반응(反應, responce), 스트레스(stress), 순응(順應, acclimation), 순화(馴化, acclimatization) 등이 있다. 반응은 환경 자극에 대한 직접적인 작용으로서 이러한 반응은 적응이 되는 방향으로 나타날 수도 있고 그렇지 못한 반응으로 나타날 수도 있으며, 반응의 결과가 형태적인 변형으로 나타날 수도 있고 또는 생리적인 면에 국한되어 나타날 수도 있다. 스트레스는 자극에 해당되는 요인으로서 신체의 항상성(恒常性, homeostasis)을 유지하려는 과정에서 비특이적인 신경내분비 계통의 반응을 유발하는 스트레스 요인(stressor)를 총칭한다. 이러한 스트레스는 개체의 반응에 긍정적인 영향을 주는 eustress와 부정적인 영향을 주는 distress로 구분되는데, 스트레스 연구자들에게는 스트레스를 환경적 요구(environmental demand)와 이 요구에 대한 개체능력 간의 상호관계에서 비롯되는 것으로 정의하고 있기도 하다. 즉 환경적 요구에 부응하지 못하는 개체 반응의 불균형을 스트레스라고 보는 것이다.

순응 또는 순화는 환경변화에 대한 적응의 양적(量的) 개념으로서, 어떠한 한 가지 요인—주로 실험실에서 이루어지는 제한된 환경 변화에 대한 대상적(代償的)인 변화(compensatory alteration)로서의 적응을 순응이라 한다면, 순화는 이보다는 많은 환경요인들, 예컨대 계절, 기후, 지리적 변화에 적응된 상태라 할 수 있다. 이러한 적응의 차이에 따라 동일한 환경, 또는 동일한 환경 변화에서도 인간의 건강에 대한 영향은 다양하게 나타날 수 있다.

의학적 관점에서의 환경은 두 가지 측면에서 고려되어야 한다. 하나는 질병의 원인적 인자로서의 환경이고, 다른 하나는 질병 발생 과정에 관련되는 환경이다. 전자는 전통적인 병인론에서 겨론되는 생물학적 병원균과 같이 물리·화학적 요인들이 발병 원인으로서 질병 발생에 직접 관여될 때 흔히 지칭되는 것으로, 환경오염성(또는 공해성) 질병에서의 '환경'에 가깝다 할 것이다. 실제에 있어서 세균이나 바이러스와 같이 생물학적 원인균도 자연환경의 한 요소라고 주장한다면 이러한 지적이 성립되기 어려운 면도 있으나, 이들 미생물에 의한 질환들은 통상적으로 환경성 질환의 범주에는 포함되지 않는다. 따라서 이러한 경우의 환경의학은 환경 원인성 질환에 대한 연구를 하는 의학의 한 분지(分枝)로서 간주된다.

후자는 질병 발생은 사람[학문적 용어로는 숙주(宿主), host], 병인(病因, agent) 그리고 환경의 상호관계에서 비롯된다는 병인론에서의 환경 개념이다. 즉 숙주와 병인을 둘러싸고 있는 환경이 숙주 및 병인의 자체 변동에 독립적으로 영향을 줄 뿐 아니라 숙주와 병인 사이에 지레목으로 작용하여 숙주와 병인 간의 평형 상태에도 영향을 주고 있고, 이러한 결과로 질병이 발생된다는 개념이다. 이러한 경우의 환경은 자연환경뿐만 아니라 사회환경도 관여된다.

환경 그 자체 또는 환경의 변화는 건강에 영향을 준다. 모든 사람이 바라고 한편으로는 의학의 궁극적 성취 목표인 '건강'을 한마디로 얘기한다는 것은 아쉽게도 그리 쉬운 일이 아니다. 그러나 '건강'을 제대로 규정해 놓아야 이에서 벗어난 상태(질병), 즉 건강 피해가 무엇인가를 이야기할 수 있을 것이다. 이러한 건강에 대하여 현재 가장 널리 받아들여지고 있는 개념은 1948년에 세계보건기구(WHO)의 발족과 함께 세계보건기구 헌장에 새겨진 것으로 다음과 같이 건강을 자리매김하고 있다. 즉 '건강이란 단순히 질병이 없는 상태가 아니라 완전한 신체적, 정신적, 그리고 사회적 안녕 상태'라는 정의이다. 따라서 환경과 관련되는 건강 영향은 작게는 신체적 질병(예를 들어 기관지염, 천식, 피부암, 전염병 등과 같은 질병들)에서부터 정신질환(예를 들어 신경증, 정신집중장애 등)뿐 아니라 환경 변화로 인하여 삶의 질이 저하된 것까지도 넓게 포함되어야 한다.

이렇듯 환경이 변화되면 우리들의 건강에는 직·간접적으로 미친 영향이 나타나게 마련이다. 그리고 이러한 건강 영향은 이미 질환으로 밝혀진 것도 있고 또 한편으로는 실체가 구명되지는 않았지만 환경 변화로 인한 것으로 추정하고 있는 건강 피해도 있고, 그 역도 있을 수 있다. 환경오염에 의한 건강 영향을 밝히는 일은 매우 어렵다.

① 환경농도와 미세환경농도 : 일반적으로 측정되는 것은 환경농도이나, 개인에게 노출되는 양은 실내나 출퇴근 시의 교통 등의 '미세환경', 개인의 활동 정도도 감안하여야 한다.

② 비환경성 노출 : 흡연은 거의 모든 환경성 유해물질들보다 많은 영향을 미치고 있다. 또한 음식물 중에서도 태운 고기, 직업 등.

③ 환경농도와 노출량의 차이 : 노출량은 환경농도와 노출시간에 의해 결정된다. 개인별 활동시간 및 기간 등에 따라 동일한 환경농도에서도 흡수량이 크게 다를 수 있다.

④ 노출량과 인체용량(dose)의 차이 : 생리적 상태(맥박수, 호흡수), 유전적 소인(대사 속도, 경로의 차이), 생활습관(흡연, 음주), 상호작용(두 물질의 상승/길항/상가 작용) 연령·성별·체격(체지방) 등은 독성물질의 대사능력에 차이를 가져와서 인체 내 용량의 차이를 가지고 온다.

⑤ 질병 발생의 다양성, 비특이성 : 소위 대표적인 '환경성 질환'으로 알려져 있는 천식의 경우도 실제 환경오염에 의해 발생하는 환자수보다는 유전적 소인이나 기타 알레르기 유발물질에 의한 경우가 훨씬 더 많다. 어떤 건강 영향을 환경에 의한 것이라고 규정하는가는 상황에 따른 전문적인 판단이 요구되는 경우가 많다.

⑥ 위험대상집단 : 위험 정도를 정확히 파악할 수 있는 위험대

상집단을 찾기가 어렵다.

⑦ 노출평가지표 : 노출을 평가할 수 있는 특이한 지표(specific indices to exposure)가 적다.

⑧ 건강영향 자료 : 노출에 따른 건강 양상의 변화를 파악할 수 있는 정확한 자료가 부족하다.

이외에도 조사연구과정에서 피검자에게 추적검사에 대한 동기를 계속 부여해야 하고, 검사자간(檢査者間)·검사기구에 따른 신뢰도를 높여야 하며, 연구에 필요한 충분한 표본을 추출해야 하는 등 현지조사에서의 어려운 점들도 환경오염에 의한 건강 영향을 평가하는 작업을 어렵게 하는 이유들이다. 결과적으로 '환경 관련 질환'을 규정하고, 질환 발생에 환경오염 요인이 어느 정도 기여하고 있는가에 따른 환경성 질환(속칭 공해병)의 판정도 쉽지 않다.

● 인과성(因果性) 추론을 위한 지침

역학연구에서 원인적 연관성(causual association)을 평가하기 위하여 사용되는 일반적인 기준(criteria)으로, 미국 보건성이 흡연과 폐암과의 인과성을 확립할 때(1964년) 사용하였고, 이후 1965년 Hill에 의하여 더욱 명확하게 발전되었다.

① 시간적 관계(Temporal relation) : 원인이 결과에 시간적으로 앞서 있는가? (필수 조건)

② 생물학적 개연성(Palusibility) : 작용기전, 동물실험 등에서의 증거들이 다른 분야에서의 지식과 일치하고 있는가?

③ 일관성(Consistency) : 다른 연구들의 결과들과 유사한가?

④ 관련성의 강도(Strength) : 원인과 결과와의 관련성 정도는 얼마나 강한가? (상대위험도 등을 고려)

⑤ 양-반응 관계(Dose-response relationship) : 가상적 원인에의 노출이 많아지면 결과의 정도는 커지는가?

⑥ 가역성(Reversibility) : 가상적인 원인을 제거하면 질병 발생의 위험도는 감소하는가?

⑦ 연구형태(Study design) : 인과성 추론에 적절한 연구 형태로 이루어진 결과인가?

⑧ 증거인정(Judging the evidence) : 얼마나 많은 증거들이 결론을 이끌어내는 데 부합되고 있는가?

이러한 이유들로 인하여 환경오염에 의한 건강 영향을 밝히는 연구는 역학 분야에서 주로 사용되는 코호트연구나 환자-대조군 연구 등을 사용하여 연관성을 밝히기보다는 지역 주민을 대상으로 하는 직접조사로서의 단면적 연구방법이나, 또는 대상인구집단의 건강 관련 자료를 이용하는 생태학적 연구(ecologic study)를 시도하게 된다. 직접조사로서의 단면적 연구에서는 기본적으로 환경오염물질의 노출 평가와 더불어 오염물질에 의한 영향(특히 건강 영향) 평가에 대한 자료가 필수적으로 요구된다. 어떠한 면에서는 이러한 자료 구득의 상대적 난이성으로 인하여 환경오염에 의한 노

출은 산업의학적 측면에서의 직업적 노출과는 달리 질병과의 연관
성을 입증하기 더욱 어렵다는 평가도 하게 된다.

2. 환경오염에 의한 건강 영향 사례들 | 세계의 환경 질병

● 런던 스모그(London Smog Episode)

1952년 12월 4일, 영국해협을 건너 템스 강을 타고 불어오는 차고 습한 고기압성 기류는 런던 주민들로 하여금 귀가와 난방을 서두르게 하였는데, 당시 난방 연료는 유연탄이었다. 이후 바람 한 점 없는 날씨가 계속되고 겨울철에 흔히 경험하는 안개에 난방용 석탄 연소에 따른 매연이 혼합된 농무(濃霧)가 짙게 깔려 대낮에도 자동차나 선박이 충돌할 정도였다. 이러한 농무가 5일간 지속되었다가 끝난 뒤, 런던 시민들-이 중 대다수의 건강인들은 단순히 5일 간의 농무만을 연상하였으나-은 끔직스러운 결과에 접하게 되었다. 이 기간 동안에 평상시의 사망률을 2.5배 초과하는 2,851명이 사망하였고 그 다음 주에는 1,224명이 농무와 관련하여 사망하였다.

■ 런던의 스모그 현상 사진

1952년의 런던 사건과 관련한 사망자수와 비율(Number and ratio of deaths related to 1952 London Episode*)

Cause of death	7 days before epidode (A)	7-day period including period of episode (B)	7-day period ratio of (B) to (A)	after episode (C)	Ratio of (C) to (A)
Respiratory Tbc	14	77	5.5	37	2.6
Lung Cancer	45	69	1.5	32	0.7
Pnemonia(excluding those under 1 year of age)	45	168	3.7	125	2.8
Bronchitis	76	704	9.3	396	5.2
Influenza	2	24	12.0	9	4.5
Other respiratory diseases	9	52	5.8	21	2.3
Coronary heart disease	118	281	2.4	152	1.3
Myocardial degeneration	88	244	2.8	131	1.5
Suicide	10	10	1.0	7	0.7

* Number of deaths in London Administration County.

Source : Logan WPD, Lancet, 1953; 1:336.

이 사건의 원인은 가정용 난방연료인 석탄(soft coal)의 연소시에 배출되는 일산화탄소, 이산화탄소, 아황산가스, 타르 외에 불소화합물, 카드뮴, 수은 등 1차 오염물질이 안개와 기온역전이라는 기상 상태에서 작용한 것으로 추정되었다. 이후 가정용 연료가 석유계 연료로 대치되기 전까지는 안개가 짙게 긴 날에는 가급적 석탄 사용을 줄임으로써 차후의 재난을 피해갈 수 있는 예지를 발휘할 수 있었다. 한편으로는 1953년 7월에 휴 비버(Hugh Beaver) 경(卿)을 의장으로 하는 대기오염위원회를 구성하여 대기오염이 건강에 미치는 영향을 체계적으로 연구하는 계기를 마련하기도 하였다.

● 미나마타병(Minamata disease)

(1) 치소 미나나마타(Chisso Minamata)공장(1908년 설립)에서 부지(不知)로 유기 수은이 함유된 폐수 방류 → 어패류 오염 → 1956년경부터 이를 섭취한 주민들에게서 수족운동(手足運動) 장애, 시야협착(視野狹窄)증상이 나타나기 시작

(2) 1956년 니가타(Niigata)의 아가노 강(Agano River) 유역에서 쇼와덴코(Showa Denko, 昭和電工) 폐수로 제2의 사례 발생

(3) 1968년, 후생성은 양사(兩社)의 아세트알데하이드(acetalde-hyde) 제조 과정에서 배출된 유기수은(有機水銀)이 원인임을 확정

(4) 1969년, 미나마타병(Minamata病) 인정제도 실시

　● 관련법 : Pollution Related Health Damage Compensation Laws(公害健康被害補償法), 1969년

- 조건 : ① 구마모토(Kumamoto), 가고시마(Kagoshima), 니가타(Niigata)의 3개 지역(Prefecture)에서, ② 1968년 이전에 오염 지역에 거주, 현재 수족(手足)에 뚜렷한 증상 및 신체적 장애(운동실조, 감각장애, 시야협착)가 있는 경우
- 1991년 9월 현재 13,076명이 신청 → 심사 후 인정 2,942명, 기각 7,325명, 미처분(재신청자 포함) 2,809명, 1969년 이후 신환(新患) 보고 없음.

(5) 현재 거론되고 있는 문제점들

- 조정기구 : 중앙공해대책심의회(中央公害對策審議會) 내의 미나마타(MINAMATA)문제전문위원회
- 단순한 sensory perception defect인 impairment of feeling in hands & feet 인정 여부
- 오염자 부담원칙(Payment by Polluter Principle : PPP)에서 치소사(Chisso社)의 배상능력 한계 → 정부의 책임(감독 불충분) 한계

● 이타이이타이병(Itai-Ital disease)

(1) 병(病)의 발견(發見) 및 보고(報告) : 2차 세계대전 말기에 일본 도야마(Toyama, 富山) 현의 진주(Jinzu) 강(神通川)변 지역 주민들에게는 심한 통증을 주증상으로 하는 '괴질'이 널리 퍼져 있

었다. 그 당시 제대 후 향리로 돌아온 의사 노보루 하기노(Noboru Hagino)는 고향에 의원을 개원하였는데 그곳은 이러한 '괴질'이 집단적으로 발생되고 있는 지역이었다. 그는 이 '괴질'에 대하여 관심을 갖고 의학적인 연구를 수행하였고, 이를 1955년 학회에 보고하면서 이 '괴질'을 주증상인 아픔에서 병명을 따 '이타이이타이병'으로 명명하였다.

(2) 역학(疫學)조사 : 1962년 도야마(Toyama) 현 보건국 주관으로 첫 역학조사가 시도되었으나, 본격적인 대규모 역학조사는 도야마(Toyama) 현 보건국이 가나자와(Kanazawa)의대의 협조를 받아 1967년에 시행되었다. 당시 조사의 목적은 집단 발생 지역의 범위를 확인하고 이타이이타이병 환자 모두를 찾아내는 데 있었다. 이 조사의 결과는 1968년 이시자키(Ishizaki)와 후쿠시마(Fukushima)의 보고로부터 1975년의 후쿠시마(Fukushima) 등의 보고에 이르기까지 여러 경로를 통하여 발표되었다.

대기오염으로 인한 불쾌감은 누구나 쉽게 경험하는 일이지만 대기오염이 사망자 수의 증가를 포함하여 구체적인 건강 피해를 초래할 수 있다는 사실은, 1948년 미국 펜실베이니아(Pennsylvania)의 도노라(Donora)와 1952년 영국의 런던에서 발생한 대규모 재난을 통해서 비로소 명백하게 증명되었다. 그 이후 주로 선진국을 중심으로 대기환경기준을 제정하고 오염물질 배출을 강력하게 억제함으로써 대기오염의 수준은 과거의 대규모 재난이 일어났을 때와는 비교가 되지 않을 정도로 잘 통제되고 있다. 따라서 과거에 경험한 것과 같은 대기오염에 의한 대규모 재난이 발생할 가능성은 많지 않다. 그러나 오존이나 미세분진 같은 대기오염 물질은 현재 국제보건기구(WHO)나 우리나라의 대기환경기준 이하 농도에서도 유해한 건강 영향을 미칠 수 있다는 사실이 차츰 밝혀지고 있어 커다란 충격을 주고 있다.

3. 환경의 질, 곧 삶의 질

　　환경의 질적 수준이 곧 삶의 질에 연관되어 있다는 의미에서 궁극적인 국가환경과학기술의 목표는 인간의 최대 목표인 행복한 삶을 누릴 수 있는 필수조건, 즉 건강을 증진시키는 환경-소극적으로는 인간의 건강에 해가 되지 않는 환경-을 조성하는 데 두어야 한다. 따라서 환경을 보전하고 환경오염을 저감시키려는 모든 노력은 그것이 건강-신체적, 정신적, 그리고 사회적 안녕 상태-을 최상의 안락 상태로 유지하고자 하는 목표에서 계획되어야 하고, 그 결과는 건강 수준의 향상에 어느 정도 기여하였는가라는 척도에서 평가되어야 할 것이다.[19] 이는 곧 국가가 추구하는 환경과학기술의

19 미국 보건성에서 1992년에 작성한 '건강한 미국인 2000년'이라는 보고서에서는 21세기를 맞이하여 미국 국민의 건강을 증진시키고자 영양, 흡연, 정신보건 등 22개 우선 과제를 설정하여 목표 달성을 위한 전략을 강구하고 있다. 이중 11번째 과제인 환경보건에 있어서는 천식에 의한 입원율을 가장 우선적인 건강지표로서 사용하고 있다. 즉 1988년 기준연도의 천식 입원율(인구 10만 명당) 188을 목표연도인 2000년에는 160으로 낮추겠다는 계획 아래 환경오염정책을 강구한다는 내용이다.(U.S. Department

개발 목표를 명시하고 연구개발성과에 대한 평가는 국가의 총체적인 건강 수준의 척도에서 다루어져야 한다는 당위성을 강하게 내포하고 있다고 할 수 있다.

그렇다면 우리나라에서는 환경오염에 의한 '삶의 질' 즉 건강에 대한 영향은 제대로 평가될 수 있을까? 우리는 1960년대 초부터 시작된 계획경제논리에 밀려 공해(公害)를 거론조차 하지 못하였던 암울한 시대를 기억하고 있다. 당시로서는 생존적 차원에서의 경제개발이 국가 경영의 최우선 정책일 수밖에 없었다는 시대적 상황을 부정하지는 못하지만, 그러한 경제개발 수행과정에 필수적으로 수반되는 환경오염 상태에 대한 기초자료마저도 축적할 수 없었다는 것은 크나큰 과오임에는 틀림없다.[20] 다행인지 불행인지는 모르나 그러한 생산과 수출 일변도 경제정책의 결과로 환경을 운위할 수 있는 문화·경제적 수준까지 오른 것은 역사의 아이러니이

---

of Health and Human Services, Public Health Service. Healthy People 2000: National Health Promotion and Disease Prevention Objectives. DHHS Pub No. (PHS)91-50212. 1992.)

20 우리나라에서 환경오염 문제가 언제부터 시각적으로 나타나기 시작하였는가에 대하여는 명쾌하게 단정하기 어렵다. 환경오염에 관한 조사가 당시에는 체계적으로 이루어지지 않았기 때문이다. 그러나 대체로 서울은 1963년부터 대기오염이 문제되기 시작했고, 울산은 1965년에 환경오염이 문제되기 시작한 것으로 보여진다. 정부가 1970년에 공해담당관(4급)을 두었고, 1972년 유엔인간환경회의(스톡홀름)의 한국정부대표 기조연설문에서 "한국은 제1차, 제2차 경제개발계획을 성공적으로 끝마치고 제3차 계획의 수행으로 급속한 공업화를 이룩하였지만, 반면 유감스럽게도 그렇게 극심한 정도는 아니나 도시문제, 공해 등과 같은 병리현상이 나타나고 있다"고 언급하고 있어 오염이 상당히 진전되었음을 알 수 있다.(자료: 이두호 외, 인간환경론, 나남, 1993: 490~491)

다. 이후 무수한 환경문제가 제기되고 백방(百方)이 명멸하는 과정
에서, 인간의 생명 유지에 위협적인 위해물질의 발생은 가능하면
줄여야 한다는 한 목적에서 환경위해물질의 발암성, 돌연변이원성
등이 강조되고 그리고 이에 대응된 규제수단이 강구되는 것이 자
연스럽게 받아들여졌다.

그러나 최근에는 이처럼 무비판적인 수용과 환경 선진국의 규
제기준을 무분별하게 복사하여 사용하는 것에 대하여 비판적인 지
적이 대두되고 있다. 즉 아벨슨(Abelson, 1995년)은 '과장된 화학물
질의 위험'이라는 논문을 통하여 미국 시민들은 화학물질에 대하여
비논리적으로 과다한 공포감을 갖고 있는데, 이는 미국의 행정부
중에서도 막강한 권력(영향력)을 행사하는 환경청(EPA)이 수천 가
지의 규정을 제정하고 이를 집행하고 있는 것과 밀접한 관계를 가
지고 있다. 그런데 이러한 규제가 논리적인 근거에서 검증되고 이
에 연관되어 지출되었거나 또는 국민에게 부담지워졌던 수천억 달
러가 과연 국익의 차원에서 정당하게 집행되었는가는 제대로 평가
받지 못한 상태에 있다고 지적하고 있다.[21]

이러한 관점에서 환경보건 분야의 주요 관심 대상은 환경이 삶
의 질, 즉 건강에 미치는 영향을 어떻게 평가할 수 있는가에 대한
방법론적인 연구와 이에 필요한 기본 자료의 획득과 구축 방안의

---

21 과거 미국의 클린턴정부는 환경규제개혁에 있어 상식주도정책(CSI: Common Sense
Initiative)을 추진했다. 정책의 요지는 환경 관리 전반에 걸친 검토와 중요 규칙 및 규
제를 재구성하고 시민에게 정보 제공을 촉진하면서 오염 예방을 위한 청정기술개발
을 적극 지원하는 것이다.(자료: 한국환경정책·평가연구원, 환경포럼, 제2권 제8호, 1998)

연구에 두어야 할 것으로 생각된다.

생활환경요인에 의한 건강 피해-환경성 질환-은 장기간에 걸쳐 간접적·누적적·비가역적·비특이적으로 나타나는 특징 이외에 인위적이라는 또 하나의 특징을 갖고 있다. 즉 무분별한 산업화 및 도시화 등으로 인하여 불특정 다수인에 의하여 유발된 측면이 적지 않다. 그렇지만 한편으로는 인위적이기 때문에 일정 부분 예측과 예방이 가능하다는 점도 간과할 수 없는 사실이다. 예를 들어, '지속가능한 개발(sustainable development)'이라는 새로운 발전 전략에 관한 논란이나 대기 중 이산화탄소 배출 규제의 강도와 실시 시기를 둘러싼 국제적인 갈등 등은 환경문제의 이같은 특성을 대변하고 있다 하겠다.

이렇듯 환경요인에 의한 건강 피해는 그 실체가 아직까지 불분명한 부분이 많음에도 불구하고, 반드시 규명·해결해야 하는 중요한 문제로 떠오르고 있다. 건강인들에게는 잘 인지되지 않는다 하여 사회적·생물학적 약자에게는 치명적인 결과까지 초래하는 오염자의 횡포를 더 이상 방치할 수는 없다. 그래서 최근의 관심은 환경오염과 이로 인한 환경 피폐 자체보다는, 이로 인하여 인간의 건강에 미치는 영향, 다시 말하여 우리가 흔히 경험하는 심장질환, 암, 뇌졸중 등과 같은 질병의 발생에 어떠한 영향을 주고 있는가에 있다. 그리고 만일 환경오염이 이러한 질병들의 발생에 영향을 주고 있다는 것이 입증된다면 이에 대한 사회적 대응책은 분명해질 것이다. 일례로 어린아이에게 흡입되어 지능저하 등을 유발하는 대기 중의 납을 낮추기 위하여 유연휘발유를 사용하지 못하게 하는 법을 통과시킨다든지, 오존층 파괴로 인한 자외선 투과량이 많아져서 피부암이나 백내장이 증가되는 것을 막기 위하여 오존층 파괴 물질인 CFC와 같은 냉각 매체 생산을 금지시킨 것 등을 들 수 있을 것이다. 즉 인류는 현재까지의 경험을 통하여 충분한 과학적 증거만 있다면 질병의 치료보다는 예방이 경제적이라는 사실에서 예방대책을 강구하고 또 실행에 옮기고자 할 것이다. 즉 '예방이 최선의 치료책'이라는 전래의 원칙이 이러한 환경성 질환에는 더 없이 잘 적용된다는 것을 알고 있는 것이다. 그렇지만 환경요인에 의한 건강 피해를 방지하기 위한 각종 규제장치도 과학적이고 엄밀한 '무해함의 증거' 또는 '피해의 증거'에 준하지 않고는 그 강도와 영향력이 추상화될 수밖에 없다는 점을 명심해야 한다. 일례로 미국 법원에서는 분명한 건강 피해의 증거가 제시되지 않는 경우 산업환경과 관련된 규제조치를 취할 수 없다는 판결을 내린 적도 있다. 우리나라에서도 도시 쓰레기소각장이나 원자력발전 등 특정 환경요인이나 대기오염, 수질오염 등과 관련하여 다양한 '유해성' 논쟁이 전개되고 있어, 이 분야의 보다 선도적인 연구가 요구되고 있다.

그렇다면 어떻게 해야 할 것인가? 혹자는 문제의 심각성을 일깨우기 위해서는 선의의 충격요법으로서 환경오염이 가져올 수 있는 건강 피해, 즉 공해병을 다소 과장 표현하는 것도 감수해야 한다는 주장을 펴기도 한다. 일면 옳은 면도 있다. 그러나 이러한 충격 뒤에는 반작용으로서 무감각 내지는 무관심이라는 후유증이 뒤따른다는 것을 직시하여야 한다. 그리고 이러한 무감각 상태는 충격의 크기에 비례한다는 것도 염두에 두어야 할 것이다. 따라서 무엇보다도 사실을 사실 그대로 파악하고 느낄 수 있도록 해야 할 것이고, 이를 위해서는 우리의 환경오염 상태와 그리고 이로 인한 건강 피해를 더도 덜도 아닌, 그리고 누구나 공유할 수 있는 자료로서 제시할 수 있도록 계량화되어야 할 것이다. 그러기 위해서는 우선 대기, 수질, 토양, 그리고 소음 등 환경오염의 현황을 제대로 그리고 지속적으로 측정하여 파악하는 일 못지 않게 의학적인 면에서는 환경성 질환이라고 판단할 수 있는 기초조사자료의 축적이 필요하다. 대기오염이 심해졌다고 하여 천식, 만성기관지염의 발생은 고사하고 이로 인한 사망자가 급증하고 있다고 어느 누가 자신있게 주장할 수 있겠는가? 이때까지 대두된 대부분의 주장은 통계적 뒷받침이 없는 직관적인 느낌에 불과한 것들이라 하여도 과언이 아니다. 이를 위해서는 질병 발생에 대한 자료, 사망 원인에 관한 자료, 인구 동태와 같은 아주 기본적인 자료에서부터 일반 주민들을 대상으로 한 개인별 오염물질의 측정 등등 지금부터 준비하여도 결코 이르다 하지 못할 일들이 많다. 그리고 이러한 일들은 반드시 전문가들만이 할 수 있고 그리고 돈이 있어야만 되는 일도 아니다. 우리의 환경을 보전하여 우리의 후손들에게 곱게 돌려주려고 애쓰고 있는 사람들 하나 하나의 일체감 속에서 우러나올 수 있는 일들이다. 늦었다고 후회하는 그 시점이 바로 시작해야 하는 최적의 시간이라는 것을 염두에 두어야 할 것이다. 그리고 우리가 살고 있는 환경이 일시적으로 지나치는 환경이 아니듯, 환경문제를 냄비 끓듯 다루어서는 안 된다.

1990년 9월 미국 보건부(U.S. Department of Health and Human Services)에서는 서기 2000년까지 성취하고자 하는 국민 건강 목표의 구체적인 내용을 수록한 'Healthy People 2000'을 출간하고, 이의 수행 사항을 지속적으로 추적하여 매년 'Healthy People 2000 Review'를 내고 있다. 'Healthy People 2000'에서 환경보건의 성과(목표)는 천식 입원율(특히 흑인, 14세 이하 연령층), 정신발육 지연, 수인성 질환 발생, 혈중 납 농도 등 건강 관련 지표들을 우선적으로 설정하고 대기오염 기준 초과 지역의 거주민 비율, 라돈, 유해 물질 배출량, 1일 1인당 쓰레기 배출량, 안전한 식수 공급률 등으로써 평가하고자 계획되고 있다.

(1) 미국 CDC 산하의 NIEHS(National Institute of Environmental Health)에서 선정한 연구의 우선 순위별 질환
　① 생식 및 발달 장애 – 영아 사망, 불임증, 자연 유산
　② 노화
　③ 천식 및 폐 섬유화
　④ 신경–내분비–면역 축 상의 질환군 – 알츠하이머병, 파킨슨증후군, 사춘기의 조숙
　⑤ 암, 특히 유방암이나 전립선암과 같이 호르몬과 관련된 암

⑥ 연 중독

(2) 일본의 환경보건 감시체계 - 3세 유아의 호흡기 증상(감기 횟수, 천명, 천식 발작)

(3) 우리나라 의사들이 환경오염과 관련이 깊다고 보고 있는 질환들(1996년) - 소아 천식, 소아의 만성 호흡기 질환, 피부염, 비흡연자에게 발생한 폐암, 기형아 출산, 자연 유산, 비음주자에게서의 일차성 간암, 저체중아, 소아의 급성 백혈병, 재생 불량성 빈혈, 기타 피부암, 비흡연자의 방광암, 소아의 난청, 악성 흑색 종양

4. 생태환경도시 평택을 꿈꾸며

앞에서 살펴본 것과 같이 환경 파괴는 인간중심적 세계관, 과학기술문명, 대량생산·소비체제 등 여러 요인이 복합적으로 작용해서 발생한 결과이다. 그렇기 때문에 환경문제에 대한 해결은 단순히 정책 몇 개를 새로 세우고 바꾼다고 해서 이루어질 것이 아니다. 따라서 인간과 자연의 관계뿐 아니라 경제활동 양식과 과학기술 등 인간의 모든 생활양식의 기반이 되는 관념틀을 바꿔 놓을 새로운 패러다임으로의 전환이 그 해결법이 된다고 하겠다. 그래서 나는 이러한 시대적 요구에 가장 부합하는 것으로 바람직한 생태주의를 주장하고 있다.

한 사회는 사회구성원들이 공유하는 사고의 틀을 통해 존재하게 되는데, 그렇기 때문에 환경문제가 해결되는 새로운 사회는 그 구성원들이 새로운 사고의 틀로 전환했을 때만 가능하다.

생태학적 패러다임이란 일단 자연 자체를 애호하고 경제성장보다 환경을 중시하는 등 자연에 높은 가치를 부여하는 것을 뜻한다. 여기에서 다른 종에 대한 연민과 관심, 그리고 미래 인류에 대한 관심이 포함되어 있으며, 위험요소가 될만한 과학기술은 비판적으로 통제하고 성장의 한계를 인정하는 것을 말하고 있다. 또한 생태주의는 돈을 벌기 위한 노동이 아닌 자체로 즐거운 것으로서의 노동과 단순한 생활양식, 상호 협동 등의 내용을 포함한다.

환경문제에 대한 네 가지 입장은 다음과 같다.

현대사회에는 산업사회의 중심적 갈등이었던 자본과 노동의 갈등에 새롭게 경제성장 우선론자와 생태주의자 사이의 갈등이 놓여, 환경에 대한 네 가지 입장을 가진다. 그것은 심층생태주의, 생태사회주의, 지속가능한 개발론, 환경관리주의로 구분할 수 있는데 아마 뒤의 두 입장이 우리에게는 더욱 친숙할 것이다. 대체로 심층생태주의와 사회생태주의가 환경운동으로 나타나며, 환경관리주의와 지속가능한 개발론은 정부의 환경정책으로 추진되는 경우가 많다.

● 심층생태주의

이는 전통적인 좌우 이데올로기적 대립을 넘어서서 환경 위기를 극복하기 위한 대안을 제시하기 위해, 지금까지의 경제성장제일주의와 그것을 뒷받침해 온 정치경제제도를 비판하면서 인간과 자연의 공존을 가능하게 하는 새로운 과학기술, 정치체계, 생산양식을 모색한다. 심층생태주의는 지속적 경제성장을 당연시하는 환경관리주의의 입장을 비판하며 공동체주의, 적정기술, 권력의 분권화, 금욕적 생활양식 등을 제창한다.

● 생태사회주의

이것은 사회적 평등과 환경문제의 해결을 동시에 추구하는 입장으로서 노동과 자본 사이의 갈등, 인간과 자연 사이의 갈등이 동시적으로 해결되어야 함을 강조한다. 생태사회주의는 자본의 문제점을 해결하지 않고서 생태 위기를 극복할 수 없다는 입장이며, 환경 위기의 원인을 자본주의와 제국주의 같은 사회구조적 조건으로부터 찾고 있다. 환경오염의 피해는 국가 간, 계급 간에 차별적으로 이루어지며, 따라서 환경문제를 해결할 행동의 주체로 억압받고 피해받는 피지배계급을 내세우며 자본적 계급관계와 제국주의적 국제관계의 변화를 추구한다.

● 환경관리주의

환경관리주의는 기존의 정치경제체제 안에서 환경기술을 발전시키고 환경정책과 관리를 강화해 환경문제를 해결하고자 하는 입장이다. 이것은 우리가 환경문제에 충분한 관심만 기울인다면 기존의 제도 안에서 합리적으로 해결해 나갈 수 있다고 생각하는 것이며, 환경기술과 더불어 정부의 환경정책도 중요하게 인식한다. 또한 환경관리주의자들은 환경문제를 자원의 효율적 관리의 문제로 생각하기도 하는데, 결국 이들은 기존의 체제 내에서 합리적 관리를 통해 환경문제를 해결할 수 있다고 보는 입장이다.

● 지속가능한 개발론

지속가능한 개발론(sustainable development)은 심층생태주의와 성장제일주의의 중간에 위치하는 것으로, 1992년 리우 세계환경회의 이후 많이 논의되고 있다. 지속가능한 개발이란 미래 세대의 욕구를 충족시킬 수 있는 능력을 손상하지 않고 현 세대의 욕구를 충족시키는 개발을 말하는데, 이는 지구의 수용능력과 자정능력을 고려하는 범위 안에서 성장을 지속시키자는 입장으로, 실질적으로는 성장을 보다 더 중요시 하는 입장이다.

5. 패러다임의 전환

생태적인 패러다임

앞서서 환경문제의 해결을 위해서는 반드시 패러다임의 전환이 필요하다고 말했다. 그러나 심각한 환경 위기에 직면하면서도 신자유주의의 물결 속에서 아직 경제개발은 국가의 최우선과제로 여겨지고 있다. 특히 경제성장이 가속화되고 있는 아시아나 제3세계 국가에서는 보다 잘 살 수 있으리라는 희망을 좌절시킬 '진보의 종말'은 받아들여지기 어렵다. 그런 이유로 생태적인 패러다임으로의 전환이 어려운 것이다. 그래서 이번에는 우리가 지금까지 가지고 있던 환경 파괴적인 기존의 패러다임을 극복하기 위한 필수 과정으로 몇 가지 과제를 살펴보았다.

우선되는 과제는 민주주의다.

우리나라를 비롯해 개발도상에서 경제성장 일변도를 달리던 국가들에서는 민주화도 경제정의라는 가치도 유보될 수밖에 없었다. 그러한 논리가 지배적인 사회가 지속되어 오다가 현재에 이르러서는 민주화나 경제정의보다도 환경문제가 더욱 시급한 문제로 부상하고 있다. 우리사회는 이제 민주화의 심화와 경제정의의 실현이라는 문제와 더불어 환경문제의 해결을 새로운 과제로 맞이하게 되었다. 사실 이들은 별개의 문제가 아니다. 인류의 영속성을 보장하기 위한 환경문제의 해결이라는 관점에서 살펴보았을 때, 민주주의와 경제정의 실현은 필수불가결하기 때문이다.

먼저 환경의 위기는 사회의 민주화 과정을 거치지 않으면 해결하기 어렵다. 시민사회의 형성이 불가능했던 소련과 동유럽 여러 나라들의 경우를 살펴보면, 환경오염에 대한 문제제기를 해야 할 시민사회가 없었기 때문에 서유럽보다 환경문제가 더욱 심각했음을 알 수 있다. 시민사회의 문제제기가 없으면 환경문제는 문제로 인식되기 힘들다. 이렇듯 민주주의와 환경위기의 극복은 밀접한 관계인 것이다.

또한 두 번째가 경제정의다. 인간사회의 구성원들 사이의 환경문제에 대한 공동의 인식과 연대가 없이는 환경문제를 해결하기 어렵다. 그런데 자본가와 노동자, 상층계급과 하층계급, 그리고 부자 나라와 가난한 나라가 나뉘어 있는 현재, 환경문제 해결에 대한 공동의 노력을 이끌어내는 것은 불가능한 일이다. 한 국가 단위뿐 아니라 세 체제 수준에서 정의로운 분배의 문제가 이루어지지 않는다면 지구 환경의 위기를 극복할 수 없다는 것이다. 당장 눈앞의 기아와 빈곤에 허덕이는 후진국들에게 자연을 보호하기 위해 경제성장을 늦추라는 말은, 배부른 선진국들의 놀림으로밖에는 들리지 않을 것이다. 지구의 환경 위기는 인류 공동의 위기인 만큼 이 문제의 해결은 국가와 계급의 경계를 넘어서는 인류 공동의 인식과 행동이 필요할 것이다.

세 번째로 세계시민의식(world citizenship)을 갖는 것이다.

사람들은 지구는 둥글다고 한다. 무엇보다 이것을 확실하게 해주는 것은 인공위성에서 찍은 지구의 사진일 것이다. 긍정적인 것인지 모르겠지만, 과학기술의 발달로 지구는 이제 거의 일일생활권이 되었으며, 지구 반대편에서 일어난 일을 실시간으로 안방에서 체험할 수도 있다. 말 그대로 지구촌 시대인 것이다.

이런 지구촌 시대라는 의식을 생태주의적 입장에서 인간계뿐 아니라 모든 생물계로 확대해서 생각해보면, 인류는 이 거대한 지구 유기체를 이루는 작은 종족에 불과하다는 사실을 느끼게 된다. 인간사회 자체는 자연 생태계에 의존하고 있으며, 이 지구생태계 균형이 파괴됨과 동시에 인류는 존속할 수 없게 되는 것이다. 따라서 환경문제는 감히 한 사회나 국가의 문제가 아니라 전 지구적 차원의 문제라는 결론에 이르게 된다.

그러나 전 지구적 차원의 과제인 이 환경문제를 해결하기 위한 노력은 각 국가가 자국의 이익을 우선시하는 경향 때문에 별 진전을 보이지 못하고 있다. 경제적 우위를 누리고 있는 선진국들은 기존의 정치경제방식을 그대로 고수하며, 환경문제 해결을 위한 국제 협의에 있어서도 자국에 유리한 방식으로 이끌어가려 하기 때문에 후진국들과의 연대는 더더욱 힘들어진다.

이 문제의 해결에 세계시민의식이라는 개념이 적절할 것으로 생각된다. 지구 위에 살고 있는 사람들은 국가의 울타리를 벗어난 새로운 차원의 정체성을 가져야 한다. 이러한 일은 이미 국가의 이

름으로 등록되어 힘의 논리에 의해 움직이는 UN이나 기타 정부
간 기구로서는 이루기 힘들고, 국경을 넘어서 활동하는 국제적인
비정부환경단체(NGO)들의 활동이 매우 중요할 것이라 생각한다.

● 미군기지 폐기물 불법매립 현장활동 사진(12년 9월~13년 2월)

소리 없는 대재앙, 우리 국토가 오염되어 가고 있다

초판 1쇄 발행일 2013년 5월 9일

지은이 임승근
펴낸이 박영희
편집 이은혜·유태선·김미령·박희경
인쇄·제본 에이피프린팅
펴낸곳 도서출판 어문학사
        서울특별시 도봉구 쌍문동 523-21 나너울 카운티 1층
        대표전화: 02-998-0094 / 편집부1: 02-998-2267, 편집부2: 02-998-2269
        홈페이지: www.amhbook.com
        트위터: @with_amhbook
        블로그: 네이버 http://blog.naver.com/amhbook
              다음 http://blog.daum.net/amhbook
        e-mail: am@amhbook.com
        등록: 2004년 4월 6일 제7-276호

ISBN 978-89-6184-298-3 03330
정가 14,000원

이 도서의 국립중앙도서관 출판시도서목록(CIP)은 e-CIP홈페이지(http://www.nl.go.kr/ecip)와
국가자료공동목록시스템(http://www.nl.go.kr/kolisnet)에서 이용하실 수 있습니다.
(CIP제어번호: CIP2013003836)

※잘못 만들어진 책은 교환해 드립니다.